Robert Korz
Leben in einer vernetzten Welt
Band 2
- vernetztes Wirtschaften -

Weitere Bände:

Band 1 beschäftigt sich mit den ermöglichenden und unterstützenden Technologien.

Band 3 stellt die gesellschaftlichen und kulturellen Folgen der Vernetzung dar.

www.korz-consulting.de

Herstellung und Verlag: Books on Demand GmbH, Norderstedt

Bibliografische Information der Deutschen Nationalbibliothek
Die Deutsche Nationalbibliothek verzeichnet diese Publikation in der Deutschen Nationalbibliografie; detaillierte bibliografische Daten sind im Internet über http://dnb.d-nb.de abrufbar.

Robert Korz
Leben in einer vernetzten Welt
Band 2
- vernetztes Wirtschaften -

ISBN-13: 9783833494284

1. Auflage
04.2007
Herstellung und Verlag: Books on Demand GmbH, Norderstedt

Vorwort

Ein neuer Begriff hat in die Wirtschaftsliteratur Einzug gehalten, es ist die Rede von der „new economy". Diese Redewendung wird meist in Verbindung mit dem Internet benutzt. Sie soll suggerieren, dass ein neues Zeitalter im Bereich der Wirtschaft angebrochen ist, ein Bruch, als gäbe es eine zeitlich definierbare Grenze, die alles ändert, einen ‚big bang'. Zur Betonung dessen wird das Zeitalter davor – oder die Wirtschaft, die in herkömmlicher Weise in Erscheinung tritt – mit „old ecomomy" bezeichnet. Solche Schlagwörter suggerieren einen Generationenkonflikt in den Grundlagen wirtschaftlichen Handelns. Dieser existiert natürlich nicht, es gibt weder eine ‚new' noch eine ‚old economy', sondern nur ‚the economy'. Die Grundlagen wirtschaftlichen Handelns haben sich nicht geändert.[1] Eine neue Technologie hat lediglich Einzug gehalten, ein evolutionärer, aber auch rasch ablaufender Prozess.

„…Die [neue] Internet-Ökonomie ist ein komplexes Gebilde mit zahlreichen Facetten. Alle Elemente der traditionellen Ökonomie sind auch hier vorhanden, aber in anderer Gewichtung, weil die Kommunikation größere Bedeutung besitzt und Informationen leichter zu beschaffen sind…" Goertzel, 2000.

Man sprach nicht von neuer Ökonomie als die Telegrafie oder die Eisenbahn ihren Siegeszug antraten, selbst als der Computer die Geschäftswelt eroberte, war dies nicht der Fall, obwohl diese Technologien ebenfalls das wirtschaftliche Handeln beeinflusst haben. Dies kann darauf zurückzuführen sein, dass solche Technologien in ihren Basisfunktionen im Gegensatz zur Netzwelt besser durchschaubar waren.

Der Grund für die Prägung des neuen Begriffs kann nicht eindeutig nachvollzogen werden. Einige Autoren verweisen auf Effekte, die aufgrund der Vernetzung entstehen (Netzeffekte), andere führen die in den USA in den 90er Jahren des letzten Jahrhunderts verstetigte – ohne größere Konjunkturschwankungen verlaufende – wirtschaftliche Entwicklung als Grund an, die auf die Internetwirtschaft zurückzuführen sei. Zudem haben einige Glücksspieler die Gunst der damaligen allgemeinen Verwirrung genutzt, um bei Venture-

---

[1] Vergl. Shapiro, 1999a „…Die Technologie verändert sich, die ökonomischen Gesetze ändern sich nicht…, S.12"

Kapitalgebern ein neues Zeitalter anzukündigen, um möglichst schnell, möglichst viel Geld zu bekommen. Mit dem Hinweis auf Netzwerkeffekte wurden alle Wirtschaftlichkeitsüberlegungen dem Diktat der schnellen Marktanteile untergeordnet. Mit der abstrusen Begründung: „… nur ein Internetunternehmen, das viel Geld ‚verbrennt' ist ein gutes Internetunternehmen…" wurden unvorstellbaren Summen verschleudert. Der Begriff wurde zudem gern von technisch Unversierten aufgenommen, um ihre Inkompetenz mit der scheinbar unvoraussehbaren und umwälzenden technischen Neuheit zu entschuldigen. So hat sich die ungerechtfertigte Bezeichnung ‚new economy' verfestigt. Das einzig Neue ist jedoch die Verfügbarkeit hocheffizienter Werkzeuge für das wirtschaftliche Handeln. In den meisten Branchen wird nur derjenige wirtschaftlich überleben, der sie intelligent nutzt. Das ist schon seit der Einführung anderer Technologien bekannt, die ein neues wirtschaftliches Umfeld schafften: die Schifffahrt, die Eisenbahn, das Telefons, das Automobil auf den Straßennetzen etc.,.

„…Doch irgendwie behaupteten sich die grundlegenden Gesetze der Wirtschaftswissenschaften dennoch. Jene, die mit diesen Gesetzen zurechtkamen, überlebten im neuen Umfeld. Die anderen scheiterten … […]
Was Sie gerade gelesen haben, liegt rund hundert Jahre zurück und geschah zu einer Zeit, als die Industriemagnaten des 20. Jahrhunderts auf der Bildfläche erschienen …", Shapiro, 1999a, S.11

Oft tauchen also die beschriebenen Irrungen und Wirrungen in den Transit-Phasen zu einem neuen technologischen Zeitalter auf. Je kürzer diese Phasen sind, je schneller also die Adaption ablaufen muss, je größer ist die Gefahr der Entstehung von Anpassungsverlusten, Mythen und Fehlentwicklungen aufgrund von Unkenntnis. Die Informationstechnologie (IT) hat sich in einer bis dahin unvergleichlichen Geschwindigkeit entwickelt. Die Veränderungsgeschwindigkeit, mit der sich beispielsweise die Entwicklung der Informationstechnologie in den Unternehmen vollzog, kann etwa daran abgelesen werden, dass die beiden Buchtitel „The Rise of Managerial Computing" [2] (1986) und (das durchaus umstrittene Buch) „Does IT Matter?" [3] (2004) in einem Abstand von

---

[2] Rockard et al., 1986
[3] Carr, 2004

weniger als zwanzig Jahren erschienen sind. Im ersten wird die steigende Bedeutung von Computern und Software für die Unternehmen und deren Wettbewerbsfähigkeit dargestellt, im zweiten wird dies mit dem Argument bezweifelt, dass, wenn alle Unternehmen IT benutzen, diese keinen Wettbewerbsvorteil mehr bietet; IT ist zur Selbstverständlichkeit geworden. Das vorliegende Buch ist bewusst zwischen Technik und Wirtschaft positioniert. Es will versuchen, die ständig steigenden Interdependenzen dieser beiden Disziplinen und speziell den Einfluss der elektronischen Vernetzung auf die Wirtschaft möglichst allgemeinverständlich darzustellen, und so die Brücke zwischen diesen Disziplinen zu bauen. Auf allen Entscheidungsebenen der Wirtschaft wird dieses übergreifende Wissen zunehmend unverzichtbar sein, um die wirtschaftlichen Potenziale und die Folgen wirtschaftlichen Handelns einschätzten zu können. Die starke Wechselwirkung macht es unvermeidlich bei diesen Themen, auch die tangierten gesellschaftlichen Aspekte anzusprechen. Dies ist auf Wirkungsanalyse, vor allem der Informationsnetze, beschränkt. Der Fokus dieses Buches ist jedoch der Einfluss der Informationsnetze, wie beispielsweise des Internets, auf die Wirtschaft. Einen allgemeinen Ansatz für die Wirkung von Netzen findet man in dem Buch von Albert-László Barabási *„Linked – How Everything Is Connected to Everything Else and What It Means for Business, Science, and Everyday Life – „* Die Darstellung der einzelnen Themen kann im Rahmen dieses Bandes natürlich nicht in die Tiefe gehen. Dies ist auch nicht die Absicht. Es soll ein Überblick gegeben werden, der die Zusammenhänge allgemeinverständlich darstellt und damit ein Urteil (oder zumindest ein Verständnis) für die gegenwärtigen und zukünftigen Entwicklungen erlaubt. Umfangreiche Quellenangaben sind Startpunkte für individuelle Vertiefung des Gesamtkomplexes oder einzelner Themenbereiche.

Im Band 1 der vorliegenden Buchreihe beschriebenen Grundlagen – insbesondere der relevanten Technologien – werden nicht wiederholt. An entsprechenden Stellen wird auf diesen Band verwiesen.

Inhalt

Abbildungen

Tabellen

"Wirtschaftswissenschaftliche Fragen gehen die Menschen eben direkt an. Die Ökonomie ist — um mit John Maynard Key- nes zu sprechen — 'von höchster Relevanz', und zwar in einer Weise, wie dies etwa bei der Literatur-, ja selbst der Geschichtswissenschaft nicht der Fall ist."

Paul Krugman (*1953),
US-amerikan. Wirtschaftswissen-
schaftler (Princeton University, USA),
in "Schmalspur-Ökonomie — Die 27
populärsten Irrtümer über Wirtschaft"
(2002), Einleitung

Einleitung

Wirtschaftliches Handeln wird sich anders ausrichten und es wird in vielen Bereichen sehr viel anders ablaufen als es gegenwärtig der Fall ist. Neue Informations-Technologien ermöglichen es nun, einige schon lange gewünschte Optionen in bisher nicht gekanntem Umfang und hoher Effizienz zu verwirklichen, wie beispielsweise die Gestaltung und das Management der Kundenbeziehung (customer relationship management, CRM). Angepasste Geschäftsmodelle und effizientere wirtschaftliche Prozesse sind jetzt und zukünftig Voraussetzung für erfolgreiche Marktpräsenz eines Unternehmens. Aber nicht nur die Unternehmen, sondern alle Beteiligten des wirtschaftlichen Geschehens werden sich auf die neue Situation einstellen müssen. Diese Änderungen sind natürlich nicht singulär auf die Vernetzung zurückzuführen. Neue Materialien, die Miniaturisierung und neue Entwicklungen im Verkehrswesen haben einen großen Anteil daran. Dennoch, die Informationsnetze tragen entscheidend dazu bei, wirtschaftliches Handeln und die Organisation der Wirtschaft anders und flexibler zu gestalten. Dies strahlt auf viele Lebensbereiche aus. Von den Beteiligten wird deshalb mehr Flexibilität erwartet und gefordert.

Aus der heutigen Denkweise betrachtet, ist auch ein Verlust an ‚Planungssicherheit' die Folge; so ist beispielsweise eine langfristig gültige Zukunftsplanung, wie sie in der Vergangenheit zum großen Teil noch möglich war, kaum mehr möglich. Wenn beispielsweise ein Beruf erlernt wurde, konnte man diesen bis zum Ruhestand ausüben. Solche Planungssicherheit wird es nur noch in wenigen Berufen geben. Dazu zählen möglicherweise im Bereich elementarer persönlicher Dienstleistungen und in einigen Handwerksberufen. Aber selbst in diesen Berufsbildern wird nur derjenige eine lebenslange Ausübung haben, der sich auf neue Technologien einlässt und intelligent nutzt. Viele andere Berufszweige werden vollständig verschwinden, erlernte Fähigkeiten werden nicht mehr gefragt sein, oder nicht weiter benötigt werden. Das zwingt zu lebenslangem Lernen und aufgrund der vielen ‚Unsicherheiten' zu ‚Szenarioplanung' (als eine Möglichkeit) bei der Zukunftsplanung. Dabei werden unterschiedliche Entwicklungspfade betrachtet und für die eigene Zukunft ‚durchgespielt', d. h., es werden die unterschiedlichen Konsequenzen für die weitere Entwicklung durchdacht. Ständige Überprüfung des Plans in adäquaten Zeitabständen ist dabei zwingend notwendig, denn auch die Planhorizonte können keine festen Größen mehr sein. Unsicherheiten bei der Beurteilung künftiger Entwicklungen werden nie vollständig eliminiert werden können, denn neue Technologien beeinflussen die Umwelt und vice versa. Diese Wechselbeziehungen können meist nicht vollständig antizipiert werden. Oft sind es aus heutiger Sicht die Seiteneffekte, die den Entwicklungsweg bestimmen und die aus gegenwärtiger Betrachtung schwierig

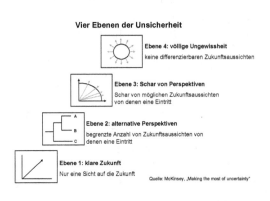

Vier Ebenen der Unsicherheit

Ebene 4: völlige Ungewissheit
keine differenzierbaren Zukunftsaussichten

Ebene 3: Schar von Perspektiven
Schar von möglichen Zukunftsaussichten
von denen eine Eintritt

Ebene 2: alternative Perspektiven
begrenzte Anzahl von Zukunftsaussichten von
denen eine Eintritt

Ebene 1: klare Zukunft
Nur eine Sicht auf die Zukunft

Quelle: McKinsey, „Making the most of uncertainty"

oder gar nicht vorhersehbar sind. Je besser man die Parameter kennt, je besser wird die Planung sein. Planung drückt jedoch immer nur Zukunftserwartung aus, unter Berücksichtigung möglichst objektiver Parameter zum Zeitpunkt der Planung.

Man kann solche Entwicklungen bedauern und ablehnen, aufhalten kann man sie nicht (möglicherweise regional, auf begrenzte Zeit und mit allen Konsequenzen, aber nicht global). Es ist besser, sich frühzeitig auf die Zukunft einzustellen, als von einer aufgestauten Flut überrascht zu werden.

Nach dieser kurzen Einleitung, in der einige Aspekte des zukünftigen Wirtschaftslebens gestreift wurden, um die Ursachen und Wirkungen anzudeuten, soll im Folgenden etwas systematischer auf die verschiedenen Gebiete des Wirtschaftslebens eingegangen werden.

Der Entwicklungspfad der IT in der jüngsten Vergangenheit

> *"I think there is a world market for about five computers"*
>
> Thomas J. Watson
> Chairman of IBM, 1943

Das Wirtschaften in einer vernetzten Welt ist nur wirklich nachvollziehbar, wenn die Entwicklung der Informationstechnologie (IT) in den wesentlichen Stufen bekannt ist und die offensichtlichen Innovationen in den wesentlichen Punkten verstanden werden können. Aus diesem Grund wird der Entwicklungspfad der jüngeren Vergangenheit zunächst kurz beleuchtet.

Der nennenswerte Einsatz von IT in den Unternehmen begann in den 1950er Jahren und breitete sich sehr schnell aus. Über die Entwicklung der IT in den Unternehmen wurde bereits viel veröffentlicht.[4] An dieser Stelle soll deshalb nur der Entwicklungspfad in Stichworten dargestellt werden, um den Gesamtzusammenhang zu beleuchten. Danach werden in ebenso kompakter Weise der Einsatz und die Verbreitung der IT in der Verwaltung und in der Bevölkerung insgesamt und damit einer der Treiber der globalen Vernetzung dargelegt.

Entwicklung der IT in den Unternehmen

Große Mengen von Daten, verbunden mit viel Routinearbeit und einem großen Bedarf an schneller und präziser Information, war der erste Ansatzpunkt für den Einsatz von IT in den Unternehmen. Das Rechnungswesen war aufgrund dieser Merkmale das erste Gebiet für den massiven Einsatz von elektronischer Datenverarbeitung (wie dies zur damaligen Zeit bezeichnet wurde). Die Handhabung verlangte noch hochqualifizierte Ingenieure und aus heutiger Sicht sehr voluminöse Computer.

---

[4] Siehe bspw. Fleisch, 2001; Carr 2004

Ein kurzer Rückblick auf die Anfänge

Zu Beginn ausschließlich, und bis zum Ende der 60er Jahre des letzten Jahrhunderts noch häufig, erfolgte die Eingabe der Daten in die Computer mittels Lochkarten[5], die in Unternehmen mit großem Datenaufkommen von „Datentypistinnen" zuvor in speziellen Schreibmaschinen (Lochkartenstanzer[6]) mit den gewünschten Löchern versehen wurden. Die Anordnung der Löcher auf den Karten repräsentierten die zu verarbeitenden Daten. Die Daten der „gelochten" Karten wurden über einen Kartenleser – meist stapelweise – in den Computer eingelesen. Die Lochkarten waren also ein Zwischenmedium für die Eingabe und gleichzeitig Datenspeicher.

Rechenergebnisse konnten erst nach einem Batch-Lauf [7] als gedruckte Listen zur Verfügung gestellt werden. Dieser Lauf geschah meist außerhalb der Geschäftszeiten, beispielsweise in der Nacht. Unternehmen, die diese Technologie nutzten, hatten große Wettbewerbsvorteile, denn die Basisdaten für Entscheidungen lagen sehr viel genauer und schneller vor.

Einige Merkmale der damaligen IT sollen hier als Basis der weiteren Entwicklung herangezogen werden. An Ihnen wird die fast zwangsläufige weitere Entwicklung sichtbar:

- Die Eingabe der Daten war umständlich (Umweg über Lochkarten)
- Die Auswertung der Daten war nicht zeitnah (Batch-Verarbeitung)
- Die Speicherung der Daten war aufwendig und damit teuer (Lagerung und Indexierung der Lochkarten)
- Die Ergebnisse standen nicht zeitnah zur Verfügung
- Die Ausgabe der Ergebnisse wurde nur als Computer-Liste bereitgestellt

---

[5] Siehe Anhang
[6] Ebd.
[7] Engl.: *batch* Stapel, Stoß. Hier, die neu eingegebenen Daten wurden - wie vom Computerprogramm vorgesehen - in einem Durchlauf mit den bestehenden Daten verknüpft und das Ergebnis ausgegeben.

Diese Nachteile der frühen IT-Anwendung in Unternehmen setzte eine Entwicklung in Gang, die in push-pull Manier zur heutigen Unternehmens-IT führte. Mit push ist der technikgetriebene Ansatz, mit pull, der anwendungsorientierte oder betriebswirtschaftliche Ansatz gemeint. Einerseits wurde also die Technik weiterentwickelt und suchte sich neue Anwendungsfelder, andererseits wurde durch die Wünsche der Anwender die technische Entwicklung vorangetrieben.

Die Dateneingabe erfolgte schon bald nicht mehr über Lochkarten, sondern über die Tastatur eines Terminals direkt in den zentralen Großrechner (Mainframe). Die Terminals waren „dumme" Ein- Ausgabegeräte, die im Wesentlichen aus einem Bildschirm und der Tastatur bestanden. Für die Speicherung der Daten standen Magnetband-Speichergeräte zur Verfügung und die Magnetkernspeicher wichen den Halbleiter-Arbeitsspeichern, sodass die Lochkarten nun endgültig verschwanden. Diese *Main-Frame-Architecture* erlaubte es nun, die Daten dort ein- und auszugeben, wo dies im Unternehmen benötigt wurde. Man musste also nicht mehr zum Computer gehen, um Datenverarbeitung zu betreiben, sondern die Bedienung des Computers konnte von jedem Ort im Unternehmen erfolgen.

Die Berechnungsergebnisse waren nun täglich verfügbar und nicht erst nach einigen Tagen oder gar Wochen.

Mit dem Erscheinen von großen Magnetplattenspeichern als Datenspeicher und verbesserter Kurzzeitspeicher (Arbeitsspeicher) sowie der fortschreitenden Entwicklung der Computerprogramme (Software) war letztlich die „Dialogverarbeitung" möglich. Die Rechenergebnisse standen also sehr zeitnah fest.

Mit diesem Entwicklungsschritt war der Einsatz von IT nicht nur in den Bereichen mit großen Datenmengen und Routineschritten in der Verarbeitung der Daten, sondern auch für operative Planungsarbeiten sinnvoll einsetzbar. Die Planung der Produktion (Production Planning System, PPS) und letztlich die Planung sämtlicher Unternehmensressourcen (Enterprise Resource Planning, ERP) war nun mit vertretbarem Aufwand möglich. Mit der Weiterentwicklung der grafischen Ausgabe von Daten auf dem Bildschirm, konnte IT nun auch im großen Stil in der Produktentwicklung eingesetzt werden. Das war zwar schon viel früher der Fall, denn in den Entwicklungsabteilungen wurden bereits komplexe Berechnungen auf dem Computer durchgeführt, nun war aber zusätzlich die sofortige grafische Ausgabe der Ergebnisse auf dem Bildschirm darstellbar. CAD (Computer Aided Development) war die Anwendung, die in den Entwicklungsabteilungen die Zeichentische verschwinden ließ.

Parallel vollzog sich eine beispiellose Entwicklung in der Leistungsfähigkeit der Computer, die ständig komplexere und schnellere Anwendungen erlaubte. Während die ersten kommerziell verwendeten Computer Ende der 40er und Anfang der 50er Jahre des letzten Jahrhunderts noch mit Elektronenröhren ausgestattet waren, begann mit der Erfindung des Transistors (William B. Shockley[8], 1947) die Miniaturisierung des Computers. Diese Entwicklung mündete zunächst Ende der 60er, Anfang der 70er Jahre, in der Verwendung der *Integrierten-Schaltung*, bei denen eine Anzahl von Transistoren in ein monolithischen Block eingebracht wurden, aus dem lediglich die Anschlussleitungen für die externen Bauelemente herausschauten (erste Muster mit ca. 10 Elementen wurde schon 1958 von Jack Kilby [9] erstellt). Das „Herz" eines Computers, die Prozessoreinheit, konnte nun miniaturisiert werden. Gordon E. Moore, Mitbegründer des Unternehmens Intel, machte 1965 aufgrund empirischer Beobachtungen die Vorhersage, dass die Anzahl der Transistoren in den Mikroprozessoren etwa alle zwei Jahre verdoppelt wird. Dies konnte bisher im Wesentlichen bestätigt werden. Der erste Intel Prozessor (1971) enthielt ca. 2.300 Transistoren, heutige Prozessoren (2006) dieses Unternehmens enthalten ca. 600.000.000 Transistoren.[10]

Aufgrund dieser Entwicklung konnten Mitte der 70er Jahre die ersten Personal Computer (PC) entstehen. Die PCs hatten alle Merkmale der Großrechner. Sie machten auch eine

---

[8] http://www.nap.edu/readingroom/books/biomems/wshockley.html (01.2007)
[9] http://www.ti.com/corp/docs/kilbyctr/jackstclair.shtml (01.2007)
[10] Moores Aussage geht als „Moores Gesetz" durch die Presse. Es handelt sich allerdings nicht um ein Naturgesetz, sondern um eine empirische Beobachtung.

ähnliche Entwicklung bei den Datenspeichern durch. Zunächst waren sie mit kleinen Bandlaufwerken (Kassettenlaufwerken) ausgestattet, später mit Speichern aus flexiblen mit magnetisierbaren Schichten ausgestattete Scheiben (Floppy Disk, zuletzt in der 4-Zoll-Version) und letztlich mit Magnetplattenspeicher im Kleinformat (hard disk) mit ständig steigendem Speichervolumen. Dazu kam eine immer größere Verfügbarkeit von schnellen Zwischenspeichern für die Daten (Arbeitsspeicher).

Dem Anwender konnte nun die Rechenleistung eines früheren Großcomputers in einem ‚persönlichen' Computer (PC) auf dem Arbeitsplatz verfügbar gemacht werden; sie musste nicht mehr mit anderen Anwendern ‚geteilt' werden.

Man erkannte jedoch sehr schnell, dass die ‚isolierte Datenverarbeitung' der einzelnen Mitarbeiter in einem Unternehmen nicht sinnvoll, ja in vielen Unternehmensbereichen geradezu schädlich sein kann. Die PCs wurden deshalb über einen „Server" miteinander verbunden. Der Server ist ein spezieller Computer (und/oder Software), der die PCs einer Arbeitsgruppe oder eines Unternehmens miteinander verbinden kann. Er erlaubt die Speicherung von Daten oder das Benutzen bestimmter Anwendungssoftware durch unterschiedliche Anwender.

Damit ist eine Konkurrenz zur Mainframe-Architektur entstanden, die sogenannte *Client-Server-Architectur*. Bei der ersteren ist die Rechenleistung im Großcomputer zentralisiert und die ‚Clients' sind ‚dumme' Terminals', bei der letzteren ist die Rechenleistung in den Clients dezentralisiert und der Server hat im wesentlichen eine dienende, koordinierende Funktion. Beide Architekturen existieren – aufgrund ihrer Vor- und Nachteile mit gelegentlich wechselnder Bedeutung oder Gewichtung – auch heute.

Neben diesen technischen Entwicklungen ist natürlich die Entwicklung der Preise für IT ein Parameter für die Durchdringung der Unternehmen mit diesen neuen Technologien. Die ersten Großcomputer kosteten noch Millionen US-Dollar. Die gleiche Rechenleistung kann heute mit einem Taschenrechner zum Preis von 30 EUR erworben werden. Natürlich kosten heutige Großcomputer unter Umständen (insbesondere sogenannte Supercomputer) auch Millionen US-Dollar, die Rechenleistung ist aber ungleich höher als noch vor fünfzig Jahren. Die heutigen Großrechner (Supercomputer) werden meist zu Simulationen verwendet, die enorm viele Rechenoperationen in kürzester Zeit erfordern, wie dies in der Wettervorhersage oder der Klimaforschung der Fall ist. Aber auch Simulationen in der Luft- und Raumfahrt der Chemie, der Biologie sind ihre Einsatzgebiete und selbst der Test von Atombomben kann simuliert werden (somit ist kein realer Test mehr erforderlich).

Die häufigsten Gründe für den Einsatz von IT in den Unternehmen waren:

- Vereinfachung der Geschäftsabläufe
- Verbesserung der innerbetrieblichen Kostensituation
- Sicherung von Zukunftsoptionen und neuen Märkten (e-Business)
- Markterfordernisse
- Mitarbeitereinsparung in nicht-wertschöpfenden Bereichen und bei Routineverrichtungen

Ob die *Produktivität* der Unternehmen durch den Einsatz von IT gestiegen ist, wird kontrovers diskutiert. Einige Autoren sind der Meinung, ein Produktivitätsparadoxon der IT herausgefunden zu haben. Dieses besagt, dass trotz steigender Investitionen in die IT die Produktivität nicht gestiegen ist, ja, teilweise sogar gesunken scheint. Wie schon erwähnt, ist dies umstritten, denn andere Autoren bescheinigen gegenteilige Befunde. Wahrscheinlich beruht das Paradoxon lediglich auf falsche Investitionsentscheidungen, denn ein schlecht geführtes und schlecht organisiertes Unternehmen wird auch durch IT nicht besser. Im Gegenteil, die IT kann auch ein Hebel zum Schlechteren sein. Der richtige Einsatz von IT in den Unternehmen und die damit verbundene Produktivitätssteigerung ist zudem sehr stark davon abhängig, inwieweit das ‚Werkzeug' IT aufgrund der Unternehmensstruktur und der Art des Unternehmens überhaupt zur Produktivitätssteigerung beitragen kann. Ein Versicherungsunternehmen wird wahrscheinlich mit IT eine sehr viel größere Produktivität erreichen als beispielsweise eine Großküche. Die Diskussion wurde vom Wirtschaftsnobelpreisträger Solow (deshalb auch häufig *Solow-Paradoxon*) in Gang gesetzt. Dieser große Name ändert nichts daran, dass mit großer Wahrscheinlichkeit Fehleinschätzungen der Technologie zu diesem Effekt geführt haben. Dies wiederum ist möglicherweise Folge einer gesellschaftlichen Fehlentwicklung, denn leider war in der Vergangenheit – insbesondere in den 70er und 80er Jahren des letzten Jahrhunderts – vor allem in Deutschland eine gewisse Ignoranz gegenüber technischen Fertigkeiten zu beobachten, die teilweise in regelrechter Technikfeindlichkeit mündete. Dem Autor ist ein Ausspruch eines kaufmännischen Abteilungsleiters aus den 70er Jahren in Erinnerung: „Ingenieur ist man nicht, Ingenieure hält man sich".[11] Wohin mit dieser Grundeinstellung letztlich gesteuert wurde, kann noch heute an der Situation in Deutschland abgelesen werden. Viele gut ausgebildete Ingenieure verlassen Deutschland. Eine Korrektur dieser Grundhaltung kann auch mit viel Geld in Wissenschaft und Forschung mittelfristig nicht beseitigt werden. Wie sich gezeigt hat, ist auch ein spezielles Visum (green card) für gut ausgebildete Ingenieure aus dem Ausland (beispielsweise Asien) ebenfalls kein Ausweg, denn diese vermissen einfach ein ansprechendes Umfeld, und mit Umfeld ist nicht der materielle Anreiz gemeint.

Einrichtungen wie beispielsweise an der Universität Karlsruhe (TU)[12], der TU-München[13] oder der Eidgenössischen Hochschule Zürich (ETHZ)[14], die technisches Wissen für das Management bzw. Managementwissen für Techniker vermitteln, sind mehr als überfällig.

Es soll an dieser Stelle betont werden, dass die beschriebene Technikfeindlichkeit keineswegs mit einer gesunden technikkritischen Haltung verwechselt werden sollte. Ein gewisses Maß technikkritischer Haltung kann vor unguten Entwick-

---

[11] Das Unternehmen, ein Technologieunternehmen, in dem dieser Mitarbeiter beschäftigt war, hatte übrigens nur bis Mitte der 80er Jahre bestand.
[12] www.id.uni-karlsruhe.de/seite_15.php
[13] http://www.bwl.tum.de/
[14] http://www.tim.ethz.ch/

lungen bewahren, die durch naive Technikgläubigkeit entstehen können.

Im Laufe der Zeit wurden betriebliche Abläufe sehr gut von der eingesetzten IT abgebildet und effizient unterstützt. Es bildeten sich Standardkonfigurationen in den verschiedenen Wirtschaftsbereichen heraus (best practice). Zudem konnten spezielle Funktionalitäten durch IT erst effektiv durchgeführt werden, so wie man sich das schon länger wünschte, aber aufgrund des Aufwandes bisher nicht verwirklichen konnte, wie beispielsweise *„Customer Relation Management"* (CRM). Solche Systeme zum Kundenbeziehungs-Management bieten alle Funktionalitäten, die erforderlich oder wünschenswert sind, um jedem Mitarbeiter, der dies benötigt, auf „Knopfdruck" alle relevanten Kundendaten zu zeigen, oder seine auf den Kunden gerichteten Aktivitäten zu unterstützen.[15] Die Pflege der individuellen Kundenbeziehung und die Durchführung von Kundenaktionen wurden dadurch stark erleichtert oder gar erst effizient möglich.

Computer integrated manufacturing (CIM)

Im Rahmen des *computer integrated manufacturing* (CIM)[16] wird die Produktion mit *production-planning-systems* (pps) geplant oder darüber hinaus mit *manufacturing-execution-systems* (mes) als Bindeglied zwischen Planungs- und Fertigungsebene mit Echtzeitdaten gesteuert.[17] Im produzierenden Gewerbe wurden im steigenden Umfang Fertigungsautomaten oder Roboter eingesetzt. Sie übernehmen wiederkehrende und gleich bleibende Tätigkeiten, die bis dato von meist wenig ausgebildeten Personen ausgefüllt wurden. Das „Fließband" des ausgehenden Industriezeitalters, an dem taktgesteuerte manuelle Aufgaben erfüllt wurden, ist in den wirtschaftlich entwickelten Ländern weitgehend verschwunden. Automatisierte „Fertigungsstraßen" oder „Fertigungsin-

---

[15] Dafür hat sich die Metapher der 360° Sicht auf den Kunden gebildet.
[16] http://de.wikipedia.org/wiki/Computer_Integrated_Manufacturing (02.2006)
[17] www.innovations-report.de/html/berichte/messenachrichten/bericht-39079.html (02.2006)

seln" sind an ihre Stelle getreten. Dort wird mit gleichbleibender Qualität und ‚rund um die Uhr' mit geringen Ausfallzeiten produzieren. Diese Substitution menschlicher Arbeitskraft befreit zwar von monotoner manueller Arbeit – mit all den menschlichen Begleiterscheinungen bezüglich Qualität und Ausfallzeiten – und den damit verbundenen Arbeitsbedingungen, wirft aber die Frage nach der arbeitsmarktpolitischen Verwendung der gering ausgebildeten Arbeitnehmer auf. Mit Sicherheit kann heute schon festgestellt werden, dass in den hoch entwickelten Ländern diese Klientel eine ständig geringere Chance in weiten Teilen des produzierenden Gewerbes hat. Die Substitution der menschlichen Arbeitskraft durch Maschinen wird sich in allen Branchen und Bereichen fortsetzen. Weiteres zu diesem Thema weiter unten.

Dokumenten-Management

Nicht nur Großunternehmen, selbst kleine Unternehmen sind heute ohne IT nicht denkbar. Büroarbeit wird mit PCs und „Office"-Programmpaketen erledigt, die mit ihren Schreibprogrammen die Schreibmaschinen verdrängten, mit Tabellenkalkulation (spread sheets) den Tischrechner (elektronische oder mechanische) und mit Präsentationsprogrammen die Folienprojektoren aus den Büros verschwinden ließen.
In den Unternehmen bestehen Aktivitäten, die papierenen Briefe, Formulare, Notizen – und was auch immer in Papierform produziert wird – durch „Dokumenten Management Systeme" und „Work Flow"-Systeme elektronisch zu gestalten. Die elektronischen Schriftstücke werden dabei mittels ausgeklügelter Zugriffs- und Berechtigungssysteme auf elektronischen Weg zu den einzelnen Bearbeitern ‚weitergereicht'. Dies spart nicht nur enorme Mengen an Bearbeitungszeit und Papier, sondern es entfällt auch die langwierige Suche in Ablagen und Archiven, denn die elektronische Suche kann schnell und effizient durchgeführt werden. Von außen eingehende Papierdokumente werden in solchen Unternehmen im Posteingang „gescannt", das elektronische Dokument in das work flow system eingespeist und die Papierversion danach in der Papierablage archiviert. Selbst die

nötigen Unterschriften könne mithilfe einer *„digitalen Signatur"* elektronisch erfolgen. In den Kapiteln weiter unten wird noch darauf eingegangen, dass bei Vernetzung von Unternehmen der „Medienbruch" (Papier zu elektronisches Dokument und vice versa) vollständig entfallen kann.

Prozessorientierung statt funktionaler Wertschöpfung

Das Umfeld heutiger Unternehmen ist – nicht zuletzt aufgrund der Globalisierung der Wirtschaft – sehr komplex und verlangt ständig neue Anpassung an Marktgegebenheiten. Häufig wird deshalb die bisherige funktionale Organisation durch die schlankere und flexiblere Prozessorganisation ersetzt. Unter Prozess ist dabei eine Abfolge von miteinander verbundenen Aktivitäten zu verstehen, die zu einem Ergebnis führen, das für den Kunden von Bedeutung ist. Man unterscheidet dabei Hauptprozesse oder Kernprozesse (wertschöpfend) und Unterstützungsprozesse. Die traditionelle funktionale Organisation, mit ihren oft langen und komplexen Entscheidungswegen, weicht damit einer Organisationsform, die sich auf abteilungsübergreifende definierte Abläufe konzentriert. Der „process owner", also der Verantwortliche für einen Prozess, muss alle Beteiligten, abteilungs- und/oder bereichsübergreifend, auf den Prozess einschwören und die notwendige Unterstützung einfordern. Dies ermöglicht schnelle und flexible Anpassung des Prozesses an neue Gegebenheiten, unabhängig von Bereichs- oder Abteilungsproporz. Diese Organisationsform stellt aber auch besondere Anforderungen and die Unternehmens-IT. Diese muss nun ebenso flexibel sein und auf neue Prozesse umgestellt werden können. Das ist mit den bisherigen ERP-Systemen (enterprice resource planning) zwar möglich, aber meist aufwendig und teuer. Dazu kommt der Umstand, dass in einigen Unternehmen die IT ‚historisch' aus verschiedenen Teilsystemen unterschiedlicher Hersteller ‚gewachsen' ist. Die Schnittstellen, also die Systemeingänge und -ausgänge an denen die Daten ‚übergeben' werden, sind meist proprietär und damit von Hersteller zu Hersteller unterschiedlich. Spezielle Unternehmen bieten zwar Dienstleistungen an, um diese Systeme zu verbinden (application integration, AI), aber sie lassen sich ihre Dienste gut bezahlen.

In gewachsenen IT-Systemen eines Unternehmens sind oft einzelne Applikationen und Funktionen mehrfach vorhanden (gelegentlich gar in der gleichen Abteilung oder im gleichen Bereich). Diese ‚Spaghetti-Systeme' (die Verbindungen und Abhängigkeiten sind so undurchsichtig wie ein Bündel Spaghetti auf einem Teller) machen die IT teuer hinsichtlich der Wartung und der bestehenden Redundanzen, aber auch risikoreich, weil im Fehlerfall kaum jemand sagen kann, welche Prozesse von einem IT-Ausfall tatsächlich betroffen sind. Die effiziente Koordination der Abläufe ist also eine Aufgabe des IT-Einsatzes. Zur vollen Nutzung des Potenzials über die vollständige Wertschöpfungskette ist jedoch die Integration aller IT-Systeme erforderlich. Zur Überwachung und Operationalisierung komplexer IT-Systeme werden immer häufiger *Prozessmanagement-Systeme* herangezogen.

„Business Intelligence" (BI)

In den konsequent prozessorientierten Unternehmen ist die Auswertung sämtlicher Unternehmensdaten mit *„Business Intelligence"* (BI) in Echtzeit möglich und gibt damit dem Management eine herausragende Entscheidungshilfe. Dies erfordert jedoch, die *richtigen* Echtzeitdaten zu erfassen, und diese in geeigneten Computerprogrammen zu verarbeiten. Im *Management Cockpit* werden die Daten in komprimierter Form beispielsweise als visualisierte Instrumente, die Toleranzbereiche anzeigen, oder in Ampelform als *go* oder *no go* Bereiche dargestellt.

Service-Oriented-Architecture (SOA)

In vielen Unternehmen wird – im Wesentlichen aus vorgenannten Gründen – über eine neue IT-Architektur nachgedacht. Man stellt sich eine *service-oriented-architecture* (SOA)[18] vor, d.h. die Unternehmens-IT wird in einzelne Funktionsblöcke (Module) zerlegt (in zu definierender Granularität), und diese Funktionalitäten (Dienste, Services) nach Wunsch automatisch im Bedarfsfall zusammengeschaltet. Die Anpassung der IT an geänderte Prozesse kann dann der Process-Owner mit geeigneten Prozessmodulierungswerkzeugen durchführen, muss also nicht mehr von Softwarespezialisten programmiert werden.

So einfach dies im ersten Anschein ist, erfordert es eine hochkomplexe Software-Plattform, die dies ermöglicht. Ohne in technische Details zu gehen, sei gesagt, dass dies natürlich standardisiert Schnittstellen zwischen den einzelnen Funktionalitäten erfordert, die sich zudem automatisch zusammenschalten lassen. Man spricht von einer losen Kopplung (loose coupling) der Funktionselemente. Im Idealfall wird die Verbindung über Softwareagenten erst dann hergestellt, wenn die Funktion im laufenden Prozess benötigt wird, dabei können einzelne Funktionseinheiten für verschiedene Prozesse benutzt werden, diese Einheit wird also nur einmal im Unternehmen benötigt. Eine Voraussetzung der ‚Service Orienterted Architecture' ist ein schnelles und störungsfreies Netzwerk. Erst dann kann die Entkopplung der Prozesse und der IT mittels SOA so gestaltet werden, dass ein störungsfreier Prozessablauf sichergestellt ist.

---

[18] Gelegentlich auch *Enterprise Services Architecture* (ESA) genannt.

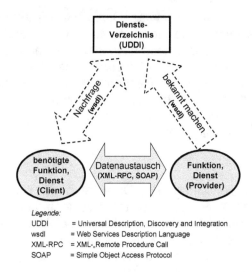

Legende:
UDDI	= Universal Description, Discovery and Integration
wsdl	= Web Services Description Language
XML-RPC	= XML-„Remote Procedure Call
SOAP	= Simple Object Access Protocol

Abbildung 1: Prinzip der service oriented architecture

Abbildung 1 zeigt das Prinzip. Ein Funktionsmodul (Service) legt seine Definitionsdaten in einem Verzeichnis ab. Das Kundenprogramm (Client) fragt einen Dienst nach, und bei Vorfinden des gewünschten Dienstes stellt es eine Verbindung mit dem angebotenen Dienst her. So lassen sich dynamisch die Verschiedenen Funktionalitäten (Services) verbinden. Für den Datenaustausch hat sich XML[19] als ‚Lingua franca'[20] etabliert. Mittlerweile existieren einige Derivate dieser Computersprache, so auch XML-RPC für den Datenaustausch in der SOA.

Es ist leicht einsehbar, dass sich das Diensteverzeichnis und auch der nachgefragte Dienst außerhalb der Unternehmensgrenzen befinden können. Sie müssen nicht einmal zum Unternehmen gehören, sondern können von Dienstleistungsunternehmen bereitgestellt werden. Die nötigen Verbindungen geschehen dann über das Internet. In diesem Fall

---

[19] Extensible Markup Language. XML ist eine textbasierte Meta Auszeichnungssprache, die die Beschreibung, den Austausch, die Darstellung und die Manipulation von strukturierten Daten erlaubt, so dass diese von einer Vielzahl von Anwendern interpretiert und genutzt werden können.
[20] Zur urspr. Bedeutung siehe bspw.:
http://de.wikipedia.org/wiki/Lingua_franca

spricht man von *web services*. Diese IT-Architektur bedeutet eine große technische Herausforderung. Die breite Einführung wird sich deshalb noch hinziehen. Im Rahmen der SOA erlebt die *Main-Frame-Architecture* eine deutliche Erstarkung. Durch die immense Rechenleistung der Großcomputer und die mittlerweile extrem schnellen Netzwerke hat diese Architektur in der SOA-Anwendung Vorteile gegenüber der *client-server-architecture*.

Weitere Tendenzen

Auf weitere Tendenzen der Unternehmens-IT wird im Folgenden ebenfalls nur stichwortartig eingegangen. Sie betreffen im Wesentlichen die Architekturen der Unternehmens-IT unter Berücksichtigung der IT als Fremdleistung von externen Dienstleistern und des steigenden Anteils der Internettechnologien in der Unternehmens-IT.

ASP

Eine Form, Computerleistung zu beziehen, ist das Geschäftsmodell des *Application Service Provision* (ASP), dabei wird ein Anwendungsprogramm auf den Computern eines Dienstleisters für das eigene Unternehmen benutzt. Hierbei entfallen für das nachfragende Unternehmen der Kauf und die Pflege des Anwendungsprogramms. Die Verbindung zum Dienstleister kann über eine Standleitung oder dem Internet hergestellt werden.
Durch die ungeheuere Steigerung der Computerleistung kann ein Dienstleister mit seiner Infrastruktur mehrere Unternehmen mit Rechenleistung versorgen (Skaleneffekt). Dieser Trend wird auch durch die ständig sinkenden Kosten für globale Vernetzung gefördert; darauf wird in späteren Kapiteln noch eingegangen.

Outsourcing

In den Unternehmen eingesetzte IT-Infrastruktur ist erheblich preiswerter geworden. Dennoch gehen Unternehmen dazu über, die IT nicht im eigenen Haus zu betreiben, sondern Rechenleistung von Dienstleistern zu ‚kaufen'. Dies kann in der Form des „outsourcing" geschehen, bei dem einzelne IT-Prozess oder gar die vollständige IT-Abteilung von Dienstleistungsunternehmen übernommen werden, denn der Betrieb einer eigenen IT kann durch die Kosten ‚rund um den Computer' wie, Personalkosten, Wartungskosten, Lizenzkosten etc. ein Ausmaß annehmen, das den Betrieb nicht mehr wirtschaftlich rechtfertigen lässt. Outsourcing kann in solchen Fällen als Re-Variabilisierung der Fixkosten verstanden werden. Zu beachten ist allerdings, dass das know how bezüglich der IT im Unternehmen verloren gehen kann. Die Erfahrungen mit outsourcing sind unterschiedlich. Einige Unternehmen sind nach gewisser Zeit den umgekehrten Weg gegangen und haben über insourcing den Betrieb der IT wieder in Eigenregie übernommen.

Eine praktizierte Alternative zum vollständigen Outsourcing ist die Auslagerung einzelner IT-Prozesse. So kann beispielsweise die Buchführung und/oder ein beliebiger anderer, vorwiegend nicht-wertschöpfender Prozess in entsprechenden Competence-Centers in Indien, China oder Osteuropa kostengünstiger durchgeführt werden als im eigenen Unternehmen.

Web 2

Der Begriff *web 2* ist mit zwei Bedeutungen belegt (siehe Glossar). Im hier diskutierten Kontext ist die umgangssprachliche Bezeichnung für eine Sammlung von Internet-Technologien gemeint, die hohe Dynamik der Internetseiten ermöglicht. Die unter dem Akronym „Ajax"[21] subsumierten Technologien ermöglichen es, die Dynamik und Interaktionsmöglichkeiten der Webseiten so weit zu treiben, dass selbst Anwendungssoftware simuliert werden kann. So wird

---

[21] Siehe Glossar

heute schon Textverarbeitung und Tabellenkalkulation auf Basis dieser Technologien unter dem Schlagwort *Software as a service* angeboten.[22]

Bei bisherigen Internettechnologien wurde bei einer Änderung auf einer Internet-Seite, die gesamte Seite über das Internet neu geladen. Mit den Ajax-Technologien können Fraktale der Seite geändert und neu nachgeladen werden. Damit besteht die bereits genannte Möglichkeit herkömmliche Standardprogramme zu imitieren. Dabei entsteht der Eindruck, man bediene eine herkömmliche Desktop-Applikation. Die bisherigen web2-Angebote haben jedoch noch nicht ganz den Funktionsumfang bestehender Desktop-Applikationen.

Da auch die so genannte *Social-Network*-Software[23] mit Ajax einen größeren Funktionsumfang und mehr Interaktivität bekommt, ist ein gewisser „Hype" um diese neue Technologie entstanden. Es bleibt abzuwarten, ob und wie sich web 2 weiterentwickelt. Man muss sich aber auch klar darüber sein, dass die steigende Komplexität der Technologie neue Herausforderungen für die Systemsicherheit bedeutet.

Grid-Computing

Wenn nicht nur die Netze, also die Verbindungsleitungen zwischen den Computern zur Verfügung gestellt werden, sondern auch die Rechenkapazität in die Netze integriert ist, spricht man von *Grid-Computing*.[24] Die Knoten dieser Netze bestehen aus leistungsfähigen Computern, die über ein Netzwerk verbunden sind. Das Gesamtnetz stellt damit eine enorme Computerleistung zur Verfügung, das ungeheure Datenmengen bewältigen kann. Die verteilte Rechenleistung

---

[22] Siehe bspw.: http://docs.google.com/ (02.2007)

[23] Mit *social networks* werden Internetplattformen bezeichnet, die einen sozialen Treffpunkt bilden. Die Forma dieser Plattformen ist vielfältig und richten sich meist an verschiedene Zielgruppen: Geschäftsleute (www.Xing.com), Personen 50+ (www.feierabend.de) usw. Eine wirklich scharfe Definition im Rahmen des Internets ist, nach Meinung des Autors, nicht möglich. Das Thema wird deshalb hier nicht weiter behandelt.

[24] http://gridgroup.de/ ; http://www.gridcomputing.com/ ; http://www-1.ibm.com/grid/ (alle 05.2006)

ist um vielfaches höher als die Leistung jedes einzelnen Computers in diesem Netz. Die Idee ist es nun, diese Rechenleistung den Unternehmen – oder sonstigen Abnehmern – nach Bedarf zur Verfügung zu stellen, ähnlich wie mit dem Stromnetz elektrische Energie zur Verfügung gestellt wird. Dieses ‚on demand computing' [25] soll es den Unternehmen also ermöglichen, Computerleistung – analog zum elektrischen Strom – aus der ‚Steckdose' zu beziehen. Anwendungen mit großen Datenmengen und/oder Bedarf an hoher Rechenleistung sind vorläufig die Aspiranten für diese Technologie.

IT als Bestandteil jeder Unternehmensstrategie

Die IT ist in den Unternehmen ohne Zweifel ein strategischer Faktor geworden. Die Gesetze zu mehr Transparenz in den Unternehmen wie beispielsweise:

- KonTraG (Gesetz zur Kontrolle und Transparenz im Unternehmensbereich, Deutschland, 1997)[26]
- GDPdU (Grundsätze zum Datenzugriff und zur Prüfbarkeit digitaler Unterlagen, Deutschland, 2002)
- SOX (Sarbanes-Oxley Act of 2002, U.S.A.)[27], benannt nach den beiden U.S. Abgeordneten, die den Gesetzesantrag einbrachten und
- Basel II (international, 2007)[28]

untermauern die Bedeutung der IT. Diese Gesetze stellen nicht nur hohe Ansprüche an die Unternehmenstransparenz, die ohne IT nicht machbar sind, sie stellen auch Ansprüche an die IT, die ohne die Einbindung in die gesamte Unternehmensstrategie nicht erfüllbar sind. In diesem Kontext ist von *compliance*[29] (Einhalten von Regelwerken und Kodizes) die Rede. Die IT trägt zur Erfüllung oder Überwachung der Anforderungen bei.

---

[25] Von IBM geschaffenen Diktion. HP spricht beispielsweise vom ‚adaptive computing'. Weitere Bezeichnungen sind im Umlauf.
[26] http://dip.bundestag.de/parfors/parfors.htm , Drucksache 13/9712
[27] www.usdoj.gov/ag/readingroom/sarox.htm ; www.sarbanes-oxley.com/
[28] www.bundesbank.de/bankenaufsicht/bankenaufsicht_basel.php
[29] Erfüllung von gesetzlichen Auflagen, aufsichtsrechtlichen Regelwerken oder freiwilligen Kodizes.

Es kann somit nicht mehr eine Abteilung in irgendeinem Winkel des Unternehmens sein, die für Strategie und Management der IT verantwortlich ist. Die IT ist in das Management ‚aufgestiegen'. Unternehmen, die dies nicht erkennen werden mittelfristig in Schwierigkeiten geraten. In den U.S.A. hat sich in einigen Unternehmen die Rolle des CIO (corporate information officer) aufgrund des sehr rigiden SOX bereits stark gewandelt. Die Verantwortung ist so gestiegen, dass dazu übergegangen wird, die IT dem CFO (corporate finance officer) zu unterstellen und die Position des CIO auf das operative Geschäft zu reduzieren.

Diffusion der IT in die Behörden der öffentlichen Verwaltungen

Die Durchdringung der staatlichen Verwaltungsstellen mit IT wurde im Wesentlichen durch zwei Faktoren initialisiert oder vorangetrieben.

Der eine ist die seit langem propagierte Verwaltungsreform, die eine vereinfachte effizientere Verwaltung und mehr „Bürgernähe" zum Ziel hat.[30] Zudem wird die Organisation in vielen Verwaltungen umgestellt, was beispielsweise zur Folge hat, dass in vielen Bundes-, Landes- und kommunalen Verwaltungen die über Jahrhunderte gepflegte Kameralistik der Doppik, also der doppelten Buchführung, gewichen ist.

Der andere Faktor ist die die weltweite Vernetzung durch das Internet, die in gewisser Weise einen Druck von außen erzeugte, eGovernment zu betreiben, den Bürgern und den Unternehmen also Dienstleistungen über das Internet anzubieten.[31] Die Entwicklung setzte später ein, als das bei den Unternehmen der Fall war. Die Gründe dafür sind sicherlich vielfältig. Fehlende Wettbewerbssituation und gute Steuereinnahmen bei florierender Wirtschaft mit dem geringen Druck zur Rationalisierung waren sicherlich einige der Gründe für den späten Einsatz durchgängiger IT in den Verwaltungen. Aber auch die oft wenig strukturierbaren Vorgänge in der Verwaltung haben zur zunächst zögerlichen Akzeptanz von IT beigetragen (Im Unterschied zu Unternehmen hat sich aus diesem Grund beispielsweise der Begriff ‚Vorgangsbearbeitungssystem' anstatt des gängige ‚Work Flow System' durchgesetzt[32])

Erst die Globalisierung mit den Anforderungen an die Standortpolitik und die Herausforderung die komplexer werdende Verwaltung zu beherrschen, haben, insbesondere in den letzten Jahren (ca. ab dem Jahr 2000), einen wahren ‚boom' an neuen elektronischen Verwaltungsverfahren in Gang gesetzt. Denn nun ist mehr Effizienz gefragt, weil mehr Aufga-

---

[30] Siehe auch: http://www.staat-modern.de/
[31] Siehe hierzu: http://www.deutschland-online.de/
[32] Siehe bspw.: http://www.domea.de/ ; http://www.domea.com/ ;
http://www.kbst.bund.de/-,413/DOMEA-Konzept.htm

ben mit gleicher oder geringerer Anzahl Beschäftigter bewältigt werden müssen.

Auf Bundesebene wurde in Deutschland die Initiative „Bund-Online"[33] als ‚Speerspitze' gegründet. Aber auch in den Ländern und Kommunen gibt es ähnliche Initiativen, die den Einsatz von IT und das eGovernment voranbringen. Die Initiative Media@Komm (1999-2003) war Vorreiter für die Entwicklung elektronischer Verfahren auf kommunaler Ebene. Einige vom Bund gesponserte Städte hatte sich im Rahmen dieser Initiative in einem Wettbewerb mit der Entwicklung geeigneter Verfahren und dem Sammeln von Erfahrungen auf dem Gebiet des IT-Einsatzes und des eGovernment beschäftigt. Sie haben auf diesen Gebieten Pionierarbeit geleistet. Inzwischen ist die ursprüngliche Initiative zur Initiative Media@Komm-Transfer[34] für die Verbreitung der Ergebnisse umgestaltet. Es gibt derzeit aber noch zu viele „Entwicklungsinseln" und eine noch nicht ausreichende Standardisierung, um von einer befriedigenden Umsetzung von eGovernment reden zu können. Die neue Initiative des Bundes *e-Government 2.0* will diese Lücke schließen.[35]

Viele hervorragender Internetauftritte – selbst kleiner Gemeinden – sind ein Beweis für die steigende Akzeptanz der IT und des Internets im Sektor staatlicher Verwaltungen. Diese ungeheuer schnelle Entwicklung hat dazu geführt, dass in vielen Gebieten die Verwaltung zum Promotor von IT geworden ist und damit auch auf die Wirtschaft ausstrahlt. So werden immer mehr Verfahren des Kontakts zwischen Wirtschaft und Verwaltung auf ausschließlich elektronische Verfahren umgestellt. Als Beispiele für Deutschland seien die Umsatzsteuervoranmeldung, die Meldung der Personalwirtschaft an das Finanzamt genannt. Das Bundesjustizministerium erwägt sogar die vorrangige Behandlung elektronischer Gerichtsverfahren gegenüber herkömmlichen Verwaltungs-

---

[33] http://www.wms.bundonline.bund.de/
[34] www.mediakomm-transfer.de
[35] http://www.kbst.bund.de

vorgängen.[36] Eines der Hindernisse zu mehr interaktiven Verwaltungsverfahren mit Bürgern oder Unternehmen ist die meistens erforderliche persönliche Vorsprache beziehungsweise das Leisten der eigenhändigen Unterschrift. Gerade Behörden betreiben aus diesem Grund das Projekt der Digitalen Signatur. Mit dem Signaturgesetz[37] wurde schon relativ früh die gesetzlichen Grundlagen dafür geschaffen. Die elektronische Signatur soll die handschriftliche Unterschrift ersetzen. Man unterscheidet dabei zwei Sicherheitsstufen: die fortgeschrittene und die qualifizierte Signatur. Letztere ist die Signatur mit dem höchsten Sicherheitsstandards, die eine gesetzlich vorgeschriebene handschriftliche Unterschrift ersetzt. Die großflächige Verbreitung ist leider bisher – im Wesentlichen aus Kostengründen und einer der fehlenden wirksamen Einführungsstrategie – ausgeblieben.

Der Bereich Gesundheitswesen ist der zurzeit am häufigsten zitierte Aspirant für elektronische Verfahren. So wie in vielen anderen europäischen Ländern, hat auch Deutschland die Einführung der elektronischen Gesundheitskarte beschlossen (Mit dem *Gesetz zur Modernisierung der gesetzlichen Krankenversicherung*- GMG, Jan. 2004).[38] Derzeit werden in acht Testregionen Pilotanwendungen erprobt, deren Ergebnisse zur Installation der bundesweiten Telematikinfrastruktur dienen sollen. Bei der eigens gegründeten *gematik mbH* [39] (Jan. 2005) als künftige Betreibergesellschaft der Infrastruktur werden die Ergebnisse gesammelt und für die bundesweite Anwendung ausgewertet. Zur Historie und Ausblicke der Gesundheitskarte hat das *Deutsche Institut für Medizinische Dokumentation und Information* (dimdi) umfangreiche Informationen zusammengestellt.[40]

Ein weiteres Handlungsfeld ist der gegenwärtig viel diskutierte ePass, ein Reisepass mit elektronischem Speicher. Die

---

[36] http://www.heise.de/newsticker/meldung/69201 (03.2006)

[37] www.iid.de/iukdg/index_esig.html

[38] http://www.die-gesundheitskarte.de/grundinformationen/rechtliche_grundlagen/index.html

[39] http://www.gematik.de/

[40] http://www.dimdi.de/static/de/ehealth/karte/

Einführung des neuen Reisepasses geht auf einen EU-Beschluss vom Feb. 2005 zurück (Dok: C 409/1). In Deutschland ist das entsprechend modifizierte Reisepass-Gesetz die gesetzliche Grundlage.[41] Neben den normalen Stammdaten wie Name, Addresse etc. sollen zur Verbesserung der Fälschungssicherheit auch biometrische Daten, also körperliche Merkmale des Inhabers, gespeichert werden; dies können Fingerabdrücke, ein digitalisiertes Passfoto, ein Abbild der Iris und ähnliche Daten sein. Auf EU-Ebene hat man sich geeinigt zunächst das digitale Passfoto in den e-Pass zu integrieren (ab Ende 2005). Ab 2007 sollen die digitalisierten Fingerabdrücke zusätzlich gespeichert werden.

Das Auslesen des elektronischen Speichers geschieht kontaktlos über eine RFID-Lösung.[42] Die Verwendung dieser Technologie hat eine heftige Diskussion über die Datensicherheit ausgelöst. Die Gegner befürchten, dass es möglich sein werde, die Daten aus der Distanz, und ohne Wissen des Passinhabers zu ‚lesen'.[43]

Insbesondere die beiden letztgenannten Projekte, die elektronische Gesundheitskarte und der ePass, haben in der Bevölkerung die Befürchtung staatlicher Totalüberwachung genährt. Der Begriff des „gläsernen Bürgers" ist Gegenstand der Diskussion. Pressemeldungen, dass die Bundesregierung die gespeicherten Daten auf den in 2008 geplanten elektronischen Personalausweises zur Deckung der höheren Kosten an Firmen verkaufen will, ist wenig geeignet diese Diskussion zu beenden.[44]

Zweifellos hat die hohe Effizienz der IT in den staatlichen Verwaltungen, verbunden mit möglicher Vernetzung, ein hohes Potenzial zur Totalüberwachung. Unter dem Eindruck der terroristischen Angriffe am 11.Sept.2001 auf das world trade center in New York durch fundamentale Islamisten[45]

---

[41] http://www.gesetze-im-internet.de/pa_g_1986/
[42] **R**adio **F**requency **Id**entification, siehe Korz 2005, Korz 2006
[43] Die wurde bereits eindrucksvoll einer Holländischen Fernsehsendung demonstriert (www.heise.de/newsticker/meldung/69127) (02.2006)
[44] „Berlin plant angeblich den Verkauf von persönlichen Daten" www.silicon.de/cpo/news-storenet/detail.php?nr=26502 (03.02.2006)
[45] http://www.september11news.com/ (02.2006)

wurde auf staatlicher Seite dieser Versuchung mit der Begründung der Terrorabwehr bereits in vielen Bereichen nachgegeben. Die U.S.A. haben dies mit dem heftig umstrittenen „patriot act"[46] gesetzlich verankert. Aber auch in Deutschland sind solche Maßnahmen bekannt. Stellvertretend seien die Vernetzung der Daten der Sozialversorgung, die Aushöhlung des Bankgeheimnisses und die Überwachung vieler Straßen und Plätze mit Videokameras genannt. Natürlich sind dieses Maßnahmen als notwendig für die Sicherheit der Bevölkerung begründbar, es stellt sich aber die Frage, wer letztlich die Grenzen setzt und wie behutsam mit den Daten tatsächlich verfahren wird. In Presseberichten melden beispielsweise die Volks- und Reifeisenbanken Millionen von Zugriffen der Behörden über die vernetzte IT auf die Konten der Bürger. Die Finanz-Behörden sprechen von lediglich ca. 9000 Zugriffen.[47] Es stellt sich nun die Frage, welche Seite die richtigen Zahlen meldet, oder beide aus ihrer Sicht richtig liegen, weil ein Dritter sich der Möglichkeiten der IT bemächtigt. Bisher wurde die Frage weder öffentlich gestellt, noch wurde Aufklärung über die wirkliche Zahl der Zugriffe gegeben.

Eine der großen politischen Herausforderungen der Zukunft, nämlich die Sicherheit und verantwortliche Behandlung von Bürgerdaten in einer Informationsgesellschaft, wird leider heute noch häufig als lästiges Querulantentum fortgewischt, das die Entwicklung der Technologie behindert, oder sie wird leichtfertig kurzfristigen vermeintlichen Vorteilen geopfert. Viele öffentliche Äußerungen beteiligter Personen lassen leider nicht darauf schließen, dass sie sich der Tragweite ihres Tuns bewusst sind; oder sie handeln gegen besseres Wissen. Insgesamt ist ein schleichender Vorgang der ständig weiteren Aushöhlung der „privacy"[48] zu beobachten.

---

[46] http://www.epic.org/privacy/terrorism/hr3162.html ; das Gesetz passierte bereits im Okt. 2001 das House of Repräsentatives.
[47] www.sueddeutsche.de/wirtschaft/artikel/851/69782/ (09.02.2006)
[48] engl.: 1. Ungestörtheit, Zurückgezogenheit , Privatleben 2. Vertraulichkeit, Geheimhaltung.

Schlagzeilen in der Presse beschreiben dieses Dilemma „Some companies helped the NSA[49], but which?"[50]. Es ging um die Hilfe von Telekomunternehmen und Internetprovidern bei ‚Lauschangriffen' auf U.S. Bürger. Im gleichen Kontext „Senators challenge Gonzales on spying"[51].

Für die Orwell'sche Fiktion[52] der totalen Überwachung und Reglementierung wirkt Technologie zweifelsfrei unterstützend, umso mehr ist der verantwortungsvolle Umgang damit gefordert, damit eine solche Realität verhindert wird. Die Ansätze zu einem Leben nach Orwell'schen Muster sind leider schon gegeben. Das Bekenntnis: *„...Dennoch räumen die Koalitionsfraktionen ein, dass die Einführung gesetzlicher Speicherungspflichten für Telekommunikationsverkehrsdaten in die Grundrechte sowohl der Nutzer als auch der Anbieter von Kommunikationsdiensten eingreife...."[53]* ist absurd beim gleichzeitigen Bestreben, die verdachtsunabhängigen Vorratsspeicherung von Daten schnell umzusetzen.

Auch die Feststellung des nordrheinwestfälischen Datenschutzbeauftragen: *„.. Offenkundig hält sich der Staat im Kontenabrufverfahren nicht an seine eigenen Regeln und verletzt damit Bürgerrechte..."* lässt nicht auf den Verantwortungsbewussten Umgang mit den Daten der Bürger schließen.[54]

Wer im Übrigen die Wirksamkeit solcher Maßnahmen[55] im propagierten Sinne tatsächlich erwartet, unterschätzt die Intelligenz von Terroristen und Verbrechern (oder überschätzt seine eigene). Es kann sich der Verdacht aufdrängen, dass die Gründe für die Überwachung vorgeschoben sind, und man auf die stille Duldung der Massen setzt, um andere Zwecke zu verfolgen.

---

[49] National Security Agency; http://www.nsa.gov/
[50] http://news.com.com/2100-1028_3-6035305.html (06.02.2006)
[51] http://www.cnn.com/2006/POLITICS/02/06/nsa.gonzales (06.02.2006)
[52] George Orwell in seinem Roman „1984"
[53] www.golem.de/0602/43256.html, (09.02.2006)
[54] In „Mehr automatisierte Kontenabfragen", FAZ, 18.02.2006, Nr.42, S.19
[55] Mangelnde Wirkung der Rasterfahndung in Deutschland ist bereits amtlich festgestellt und als verfassungswidrig eingestuft. Daraufhin wurde diese vom Gesetzgeber erheblich eingeschränkt (Az: 1 BvR 518/02, Beschluss vom 4. April 2006).

De facto wird letztlich der unbescholtene und rechtschaffene Bevölkerungsteil überwacht, der nie Unrechtes vorhatte und vorhaben wird. Die aufkeimenden Proteste gegen die praktizierte Überwachung ist eine nachvollziehbare Reaktion der Bevölkerung.[56]

Mit diesen Daten wird sich also kaum ein Dunkelmann fangen lassen, denn die werden sich geschickt der Überwachung entziehen. Eine intelligente und Effiziente Fahndung im Verdachtsfall wäre die bessere Lösung. Dies ist aber, zugegeben, unbequemer für die Fahnder und verlangt mehr Einsatz und Kreativität von ihnen.

Die IT verbreitet sich in der Bevölkerung

Noch bis in die Mitte der 1970er Jahre war der Computer in privater Hand außerhalb eines Unternehmens eine große Ausnahme. Erst die Miniaturisierung von Computerschaltungen mittels der Integrierten Schaltungen, ermöglichte Computer klein und leistungsfähig zu bauen. Der Preisverfall der Bauteile befähigte zunächst „Computer-Freaks"[57], Computer für den Eigengebrauch herzustellen. Pionierunternehmen wie *Micro Instrumentation and Telemetry Systems* (MITS) mit dem Computer Altaire 8800 oder das Unternehmen *Apple Computer Company* (Apple II) mit dem genialen Ingenieur Steve Wozniak[58] und dem begnadeten Marketingexperten Steve Jobs, haben diese Computer dann auch kommerziell vertrieben. Später stellten weitere Unternehmen wie *Commodore* und *Atari* ebenfalls solche Computer her, die später unter der von IBM geschaffenen Bezeichnung Personal Computer (PC)[59] bekannt wurden. Speziell der Apple II Computer (1976/77) alarmierte die damalige Großrechnerwelt, denn nun begriff man, dass eine echte Konkurrenz entstan-

---

[56] „Proteste gegen ungebremste Zunahme der Telekommunikationsüberwachung" www.heise.de/newsticker/meldung/72541 (29.04.2006)
„Opposition kritisiert geplantes NRW-Verfassungsschutzgesetz" http://www.heise.de/newsticker/meldung/75159 (07.2006)
[57] Enthusiasten, für die Computertechnologie Selbstzweck ist.
[58] http://www.woz.org/ ; zu den Personen Wozniak und Jobs siehe auch: http://de.wikipedia.org/wiki/Steve_Wozniak
[59] Diese Bezeichnung geht auf IBM zurück

den ist, denn der Rechner war nicht nur von ausgesprochenen ‚Computer-Freaks' bedienbar (wie der ein Jahr zuvor vorgestellte Altair, der als Bausatz vertrieben wurde) sondern im Prinzip von Jedermann, denn die Computer waren komplett montiert und hatte ein einigermaßen komfortables Betriebssystem. Schon bald entstanden brauchbare Schreib- und Rechenprogramme, die zur Verbreitung der PCs auch in den Unternehmen sorgten. Die Vision ‚in jedem Haushalt einen Computer' (Mission von Apple Computer) war auf dem Weg zur Wirklichkeit.

Die IBM als bekanntester Hersteller von Großrechnern reagierte relativ rasch und stellte Anfang der 1980er Jahre den ersten IBM-PC vor. Während Apple Computer sich vorwiegend im akademischen Bereich und im Kreativbereich (wie Werbe-, Druck- und Medienbranche) durchsetzte, sind PCs von IBM und die späteren Nachbauten eher zum Massen- oder Heimcomputer geworden.

Die Apple Computer hatten lange Zeit den Hauch des elitären. Erst seit einigen Jahren kann sich Apple mit neuen Produkten auch im Heimbereich etablieren.

Das Internet und die elektronische Spiele haben erheblich zur Diffusion der Computer in der Bevölkerung beigetragen. Insbesondere in den 1990er Jahren hat sich aufgrund der enormen Leistungssteigerung der PCs eine regelrechte Spiel-Industrie etabliert, die mit realistischer grafischer Gestaltung die Spielergemeinde überzeugte.

Mobile Computing

Die Verfügbarkeit eines Computers hat eine kontinuierlich verlaufende Geschichte, wie dies aus den bisherigen Erörterungen bereits hervorgeht. Vom Zugriff auf einen zentralen Rechner (zentrale Rechenleistung, ①)[60] bei dem man zu einem Computer in den speziellen Rechnerraum gehen musste über den Zugriff durch Terminals am jeweiligen Arbeitsplatz ②, dann die persönlich verfügbaren Rechenleistung (PC, ③)bis zu dezentralen Client-Server-Architekturen (dezentrale Rechenleistung, ④) war es ein Weg über nur zwei bis drei Dekaden.

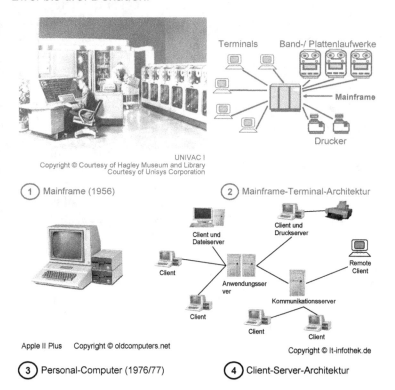

UNIVAC I
Copyright © Courtesy of Hagley Museum and Library
Courtesy of Unisys Corporation

① Mainframe (1956)

② Mainframe-Terminal-Architektur

Apple II Plus   Copyright © oldcomputers.net

Copyright © It-infothek.de

③ Personal-Computer (1976/77)

④ Client-Server-Architektur

Abbildung 2: Die Entwicklungsstadien des Zugriffs auf einen Computer

---

[60] Die Nummern beziehen sich auf Abb. 2

© Robert Korz

Die letzten Stufen der bisherigen Entwicklung sind Computer, die man ständig bei sich trägt und jederzeit damit arbeiten kann. Damit werden zwei wesentliche Aspekte zeitgemäßer Unternehmen abgedeckt: Ortsungebundenheit des Arbeitsplatzes in einer flexiblen Struktur und die Möglichkeit des jederzeitigen ortsunabhängigen Zugriffs auf notwendige Informationen. Mobile Computer gibt es in vielen Formen. Die Rechenleistung ist dabei um ein vielfaches höher als die der frühen Mainframe-Computer. Oft sind sie kombiniert mit Funkschnittstellen wie WLAN, Bluetooth etc. oder mobilen Telefonen.[61]

Über Funknetze oder Kabelanschluss sind die mobilen Computer an fast jedem Ort der Welt mit dem Internet verbunden. Für mobile Mitarbeiter von Unternehmen besteht so die Möglichkeit jederzeit auf die Unternehmensdaten zuzugreifen. Die gefürchtete „Außendienstfalle"[62] kann beispielsweise – als ein Anwendungsbeispiel unter vielen – durch die Mobilität der IT vermieden werden. Der Außendienstmitarbeiter ist in der Lage, sich jederzeit über alle Vorgänge des Kunden mit dem Unternehmen zu informieren.

Aber auch unternehmensinterne oder unternehmensübergreifende Gruppen können per mobilen Computer in ständigem Kontakt bleiben (collaborative computing) und beispielsweise Projektarbeiten effizient und fehlerfreier gestalten.

Für die Sicherheit der Unternehmens-IT werden allerdings mit "mobile computing" neue Herausforderungen geschaffen.

---

[61] Nähere Erläuterungen in Band 1
[62] Ein Außendienstmitarbeiter kommt zu einem Kunden und ist beispielsweise nicht über eine kürzlich erfolgte Reklamation des Kunden informiert.

Weitere Geschäftsmodelle ergeben sich aus der Möglichkeit, mobile Endgerät zu orten, d.h. ihre Position zu bestimmen. Dabei werden zwei Verfahren eingesetzt. Eine Möglichkeit ist, ein Satelliten gestütztes System zu benutzen. Mit Global Positioning System (GPS)[63], steht ein System zur Verfügung, das mit Satelliten des U.S. amerikanischen Militärs arbeitet. Es ist mit eingeschränkter Genauigkeit für zivile Zwecke freigegeben. Die Genauigkeit der Positionsbestimmung [64] ist geeignet für Navigationsgeräte im Straßenverkehr, in der Schifffahrt oder auch in der Touristikbranche für Stadt- oder Gebietsführer. Ein Beispiel aus dem Unternehmensbereich ist die Positionsbestimmung der Fuhrpark-Fahrzeuge. Zum Funktionieren solcher Systeme ist die ‚Sichtverbindung' zu den Satelliten erforderlich. In Tunnels, unter Brücken oder in Gebäuden versagen solche Systeme.

Ein ziviles europäisches System (Galileo)[65] ist im Aufbau, geht aber nicht vor 2009 in Betrieb.

Eine zweite Möglichkeit mobile Geräte zu orten, ergibt sich aus der Infrastruktur der mobilen Telefonie.[66] Die zellförmige Struktur der dieser Netze erlaubt es, mittels einer Dreipunktortung (Triangulation) und den Laufzeiten der Signale (Time of Arrival, TAO), bis auf einige Meter genau (abhängig von der Zellendichte des Netzes) ein mobiles Telefon zu orten. Dazu werden die Antenne der Zelle in der sich das Gerät befindet und zwei Antennen von Nachbarzellen zur Ortung benutzt.

In einer weniger genauen Version erlaubt dieses Verfahren lediglich die Zelle zu bestimmen, in der sich das Mobilgerät befindet. Die Genauigkeit ist dann von der Größe der Zellen abhängig.

Diese Art der Ortung wird schon heute beispielsweise für *„location based services"* (standortbezogene Dienste) eingesetzt. Über die mittlerweile datenfähigen Mobilfunknetze werden Informationen an den Teilnehmer gesendet. Abhän-

---

[63] Siehe bspw.: http://de.wikipedia.org/wiki/Global_Positioning_System
[64] In der einfachen Version ca. 15m, mit differential-GPS 0,01-5m
[65] http://ec.europa.eu/dgs/energy_transport/galileo (02.2007)
[66] Näheres siehe Band 1

gig vom momentanen Standort können eine Vielzahl von Dienstleistungen angeboten werden, wie: das nächste Restaurant, Kino, Parkgelegenheit, die Beschreibung von Sehenswürdigkeiten usw. aber auch Sicherheitsdienste wie ‚child locat'[67] bei dem die Position einer Person – in diesem Beispiel von Kindern – jederzeit festgestellt werden kann, wenn ein Mobiltelefon mitgeführt wird.

Das Tracking (Positionsverfolgung) von LKWs oder anderen Fahrzeugen ist ein Beispiel aus dem Unternehmensbereich.[68]

Der Computer wird ubiquitär

Intuitiv stellt man sich heute noch den Computer als ‚Kasten' vor, den man in irgendeiner Weise bedienen muss, um ein Ergebnis zu bekommen. Diese Vorstellung vom Computer als bewusst zu bedienende Einheit entspricht schon seit geraumer Zeit nicht mehr den realen Gegebenheiten. Die Miniaturisierung hat es ermöglicht, dass Computer heute als ‚ebedded systems' (eingebettete Systeme) bereits in vielen Geräten des täglichen Lebens eingesetzt sind. In Autos, in Waschmaschinen ja, sogar in Kaffeemaschinen bilden Computer das Herz der Steuerung, die nicht als solche wahrgenommen werden. Man spricht vom ‚Verschwinden des Computers' (the disappearing computer)[69], allerdings nicht in dem Sinne, dass es keinen Computer mehr geben wird, sondern der Computer verschwindet als zu bedienende Entität aus dem Bewusstsein. Wenn wir ein Auto fahren oder bedienen, spüren wir nur die gewünscht Wirkung. Wir denken nicht: „jetzt muss ich den Computer bedienen, damit das Auto bremst". Computer steuern bereits viele Geräte und Funktionalitäten des täglichen Lebens, der Computer ist allgegenwärtig geworden (ubiquitär).

---

[67] Siehe bspw.: www.childlocate.co.uk; www.jackmobile.de; www.mister-vista.de (alle 02.2007)
[68] www.cognid.com (02.2007)
[69] Der Begriff geht auf Mark Weiser zurück. Siehe dazu Band 1 dieser Reihe.

Dies wird sich weiter entwickeln. In der Wissenschaft spricht man bereits vom ‚Internet der Dinge'. Viele Geräte und Gegenstände des täglichen Lebens sind darin mit Computern bestückt und vernetzt. Sie ‚sprechen' miteinander und zu den Menschen.

Im Bereich der Wirtschaft ist die „radio frequency identification" (RFID) eine erste spürbare Entwicklung in diese Richtung. Ähnlich dem Barcode soll auf jedem Handelsgut ein RFID-Label die Identifikation ermöglichen. Das Label enthält einen Computerchip auf dem sich – im Gegensatz zum Barcode – relativ viele Daten speichern und sehr schnell ‚lesen' lassen. Die Verwendung der Radiotechnologie ermöglicht zudem das Lesen der Daten ohne optische Sichtbarkeit des Labels. In Band 1 dieser Reihe wird näher auf diese Themen eingegangen.[70] Die Anwendung in der Logistik wird weiter unten kurz erläutert.

Sicherheit komplexer Systeme

"..Therefore, Internet researchers are increasingly morphing from designers into explorers. They are like biologists or ecologists who are faced with an incredible complex system that, for all practical purpose, exists independently of them. [...]. What neither computer scientist nor biologists know is how the large-scale structure emerges once we put the pieces together..."[71]

Barabási, "Linked", S. 150

Dieses und das folgende Zitat machen die Komplexität des Internet deutlich.

„...Es ist unmöglich, vorherzusagen, wann das Internet selbstbewusst wird, aber es ist klar, dass es bereits ein Eigenleben führt. Es wächst und entwickelt sich in einer beispiellosen Geschwindigkeit und folgt dabei dem Beispiel der Natur, wenn diese ihre eigenen Netze spinnt. In der Tat zeigt es viele Parallelen zu realen Organismen. "Genau wie die Millionen von Reaktionen in den Zellen, fließen jeden Tag

---

[70] Korz, 2005; Korz, 2006
[71] Deswegen wandeln sich Internet-Entwickler immer mehr von Designer zu Forschern. Ihnen geht es wie Biologen oder Ökologen die sich einem unglaublich komplexen System gegenüber sehen, das praktisch unabhängig von Ihnen existiert. [...] Was weder Informatiker noch Biologen wissen, ist, wie sich die große Struktur entwickelt, wenn wir einmal die Teile zusammengefügt haben.

Terabytes an Informationen über seine Verbindungen ...".
Diese Feststellung stammt immerhin von Albert-László Barabási[72], einem der führenden Wissenschaftler auf dem Gebiet
der komplexen Netze. Selbst wenn man ein gewolltes Effekt-
haschen dieses Zitats aus einem seiner populärwissen-
schaftlichen Werke „Linked" unterstellt, zeigt es dennoch die
ungeheure Komplexität der Informationsnetze. Es zeigt aber
auch, wie verletzlich (jedoch unzerstörbar) das Internet gegenwärtig noch zu sein scheint. In der Vergangenheit wurde
dies einige Male durch „Internet-Würmer" gezeigt. Diese
Schadprogramme, die sich im Internet verteilen, können
großen wirtschaftlichen Schaden anrichten. In den letzten
Jahren wurden erfolgreiche Anstrengungen unternommen,
die Infrastruktur sicherer zu machen. So wurden beispielsweise in den Knotenpunkten und in den Endgeräten ‚fire-
walls'[73] zum Abschotten vor unberechtigtem Zugriff und Vi-
renschutzprogramme installiert. „Intrusion dedection systems"[74] melden automatisch eventuelle ‚Einbruchversuche' in
Netzwerke. Die technischen Sicherheitsstandards werden
also kontinuierlich verbessert. Absolute Sicherheit in komplexen technischen Systemen ist jedoch eine Illusion. So bleibt
ein ständiges Katz und Maus Spiel derjenigen, die Systeme
‚knacken' wollen und derjenigen, die solches verhindern wollen. Mittlerweile sind es nicht nur jugendliche „Hacker", die
ihre Fähigkeiten testen, oder aus simplen Spaß am Erobern
von Netzwerken und IT-Systemen handeln, sondern es sind
immer mehr mafiöse Strukturen, die Internetkriminalität und
Wirtschaftsspionage über die IT-Netze als Einnahmequelle
betrachten. Selbst Terrorismus wird in den weltweiten Netzen eine Bedrohung.
Jedes komplexe System ist hinsichtlich seiner Struktur nicht
mehr vollständig beschreibbar[75], hat aber auch eine soziale
Komponente, d.h. der Mensch ist involviert. Dies ist gleich-

---

[72] Emil T. Hofman Lehrstuhl der Physik an der University of Notre Dame,
Indiana, U.S.A.
[73] *engl.*: Feuerwand, In Gebäuden installierte Wand, um das Ausbreiten von
Bränden zu verhindern. Hier: ein Schutzprogramm im Informationskanal, mit
dem bestimmt werden kann, welche Informationen passieren dürfen.
[74] *engl.*: Einbruch-Melde-Systeme
[75] Für das Internet siehe weiter unten: Gefunden werden im Internet

zeitig auch die größte Schwachstelle der IT-Netze. Nicht vorhandenes Sicherheitsbewusstsein und laxer Umgang mit den Sicherheitsvorrichtungen sind meist eine größere Bedrohung als die Technologie. Vom Autor selbst konnte in einer Institution, in der sensible persönliche Daten verwaltet werden, ein Selbstklebezettel an einem Bildschirm beobachtet werden, mit dem Hinweis, dass das Passwort geändert sei. Darunter wurde das neue Passwort gleich mitgeteilt. Diese grobe Sicherheitsverletzung ist nur ein Beispiel des Sicherheitsrisikos Mensch. Es gibt noch viele – meist subtilere – Sicherheitsverletzungen aufgrund menschlichen Handelns oder Unterlassens.

Die technische Sicherheit wird ständig weiter verbessert, die durch den Faktor Mensch bestimmte Sicherheit ist weniger einfach zu beherrschen. In jeder Organisation, die IT-Netze benutzt, sollten zunächst die organisatorischen Voraussetzungen für Sicherheit geschaffen werden, erst dann werden die technischen Maßnahmen effektive. Die „International Organization for Standardization (ISO)" mit der Norm ISO 27001 ("Information Security Management - Specification With Guidance for Use") und das deutsche „Bundesamt für Sicherheit in der Informationstechnik (BSI)"[76] (IT Grundschutz-Katalog) greifen das Thema mit Leitlinien und Handbüchern im Bereich IT-Sicherheit auf. Die Handhabung komplexer Systeme ist eine Herausforderung der Zukunft. Serviceorientierung, Gridcomputing und Organic-Computing (siehe Band 1)[77] werden ihren Anteil dazu beitragen.

Die Akzeptanz komplexer Systeme, wie beispielsweise dem Internet, ist immer auch mit einer subjektiven Wahrnehmung der Sicherheit verbunden. Bei einem für die Wirtschaft unverzichtbaren System, zu dem sich das Internet entwickelt hat, sollten staatliche Stellen nicht Unsicherheit schüren, indem sie mit dem mittlerweile inflationären Argument der Terrorabwehr auf den Computern der Bürger bis in die intimsten Privatbereiche ohne deren Wissen mittels „Trojaner"

---

[76] www.27001-online.com ; www.bsi.bund.de ; siehe auch Grundschutz-Katalog: http://www.bsi.bund.de/gshb/deutsch/aktuell/bezug.htm
[77] Vergl.: http://www.organic-computing.de

„schnüffeln".[78] Solche Methoden sollten von einem Rechtsstaat überwunden sein. Sie untergraben die wirtschaftliche Entwicklung und zudem ist es leichtfertig nicht zu glauben, dass Dritte die staatlich geschaffenen Hintertüren benutzen. Der Cyber-Mafia wird Vorarbeit geleistet.

---

[78]

http://www.welt.de/politik/article714428/Laenderinnenminister_streiten_ueber _Online-Durchsuchung.html ; www.heise.de/newsticker/meldung/85078 (02.2007)

Ein kurzer Abriss über die Wirkungen von IT auf die Gesellschaft im Kontext globaler Wirtschaft

> *Was bislang unter „Gesellschaft" verstanden und mitgedacht wurde, war tatsächlich in der Regel nichts anderes als der Inhalt eines starkwandigen, territorial fundierten, symbolgestützten, meist einsprachigen Behälters – mithin ein Kollektiv, das in einer gewissen nationalen Hermetik seine Selbstgewissheit fand und das in (für Fremde kaum je ganz nachvollziehbaren) eigenen Redundanzen schwang. Solche historischen Gemeinschaften, die sich am Schnittpunkt von Selbst und Ort aufhielten, die sogenannten Völker, waren wegen ihrer Selbst-Container-Eigenschaft maist auf ein hohes Gefälle zwischen innen und außen angelegt [.....] Diese Differenz und dieses Gefälle werden durch Globalisierungseffekte zunehmend eingeebnet....*
>
> Sloterdijk, 2005, S. 238 ff.

Im Band 3 dieser Reihe wird näher auf die sozialen und gesellschaftlichen Auswirkungen des vermehrten Einsatzes von IT eingegangen. Vorweggenommen sei nur die Feststellung, dass eine IT-Vermeidungsstrategie angesichts der globalen Vernetzung und des Wettbewerbs wenig erfolgreich für die Entwicklung einer Gesellschaft ist. Auch mit den Ideologien und Verhaltensweisen des Industriezeitalters lassen sich die Herausforderungen der postindustriellen Zeit nicht meistern. Dies schließt die Diskussionen über irgendwie geartete dritte Wege ein, denn diese sind meist nur der Versuch, die Verhältnisse des Industriezeitalters in die postindustrielle Zeit zu retten; sie bauen auf bekannte Mustern auf. Es sind aber *neue Wege* mit Realitätssinn, Pragmatik und Weitsicht gefordert.[79] Dies kann nur durch Kenntnis und Akzeptanz der globalen Funktionen und Zusammenhänge möglich werden. Dies wiederum muss von heutigen Entscheidern und Meinungsführern gefordert werden und diese dürfen nicht nach-

---

[79] Werner, 2005, liefert dazu beispielsweise Denkansätze. Götz Werner ist Gründer der Drogeriemarktkette DM und derzeit Inhaber des Lehrstuhls Interfakultatives Institut für Entrepreneurship an der Universität Karlsruhe (TH), http://www.iep.uni-karlsruhe.de/

lassen den weniger agilen und umsichtigen Bevölkerungsteil auf die neuen Herausforderungen vorzubereiten, und deren subsidiarische Mitarbeit zu fordern. Peter Sloterdijk drückt dies pessimistischer aus: *„Allenthalben ist zu bemerken, daß die wichtigsten Trends den bisherigen Kompetenzträgern entglitten sind und daß Probleme von heute und Problemlöser von gestern (erst recht Probleme von morgen und Problemlöser von heute) nicht mehr zueinander passen".*[80]

Dies ist eine andere Form der Feststellung, die Albert Einstein zugesprochen wird: "Probleme lassen sich nicht mit der gleichen Denkweise lösen, mit der sie geschaffen wurden".

Die Erfordernisse der Globalisierung nach hoher Produktivität führen dazu, dass die Initiative und Leistung und Eigenverantwortlichkeit des Individuums im Wirtschafts- und Gesellschaftsleben eminent wichtig ist. Kollektive Schutzräume, wie sie die Industriegesellschaft hervorgebracht und fast zum Religionsersatz stilisierte, werden mehr und mehr verdrängt. Diese Funktion müssen wieder von den Religionen und regionalen soziale Gruppierungen unter Einforderung eines vertretbaren Maßes an Subsidiarität übernommen werden. Zur Globalisierung der Wirtschaft gehört die soziale Regionalisierung.

Die ‚Entfremdung des Individuums' wird sich zunehmend verlieren. Der Einzelne muss sich auf sich selbst und seine Verantwortung für sich besinnen und seine Chancen suchen und nutzen, denn das Privatleben und professionelles Arbeiten verschmelzen miteinander. Die globale Entwicklung trägt dazu bei, die von den Ideologen des Industriezeitalters bedauerte Entfremdung zu verringern. Wohlstand wird in einer globalen marktwirtschaftliche Ordnung nicht durch milliardenschwere staatliche Programme erreicht – in denen meist riesige Geldsummen ineffektiv ‚verpuffen' – sondern durch die Leistung der Wirtschaftssubjekte im Wettbewerb und damit steigender Effizienz und Produktivität.[81] Dazu müssen die staatlichen, wirtschaftlichen und gesellschaftlichen Rahmenbedingungen gesetzt werden. Ungleichheit des Wohlstandes ist in der Marktwirtschaft systemimmanent.

---

[80] Sloterdijk, 2005, S.233
[81] Vergl. Lewis, 2004

Ungleichheit der Chancen[82] des Einzelnen sollte es aber nicht geben, insbesondere in einer Volkswirtschaft mit wenig natürlichen Ressourcen außer der Geisteskraft, Kreativität, Fleiß, Wissen und Erfahrung der Bevölkerung. Wenn schon mit unterschiedlichem Proviant gestartet werden muss, sollte nicht auch noch Startgebühr erhoben werden (bspw. beim Studium). Wenn zudem die Chancengleichheit durch Korruption und Nepotismus ausgehebelt wird, ist das mittel- bis langfristige Ergebnis absehbar désastreuxse für eine Gesellschaft. Ethik muss ganz besonders im Wirtschaftsleben gelebt werden, denn die Grundlage einer marktwirtschaftlichen Ordnung ist Vertrauen. [83] Wettbewerb, Leistung und ethisches Verhalten schließen sich nicht aus, wenn auch Leistung ohne Ethik oft bequemer zu erreichen ist (dies macht für charakterschwache Menschen das Verbrechen so attraktiv). Leistung muss also immer vor dem ethischen Hintergrund beurteilt werden. Das schließt auch den Umgang mit der Umwelt und den natürlichen Ressourcen ein. Ethik impliziert immer ein ausgewogenes Maß an ,Gerechtigkeit' des Gesamtsystems, wer aber nur von Gerechtigkeit spricht, meint eigentlich sein punktuelles Einzelinteresse. Zur Durchsetzung ethischen Verhaltens muss die Gesellschaft bereit sein, wirkliche Leistung anzuerkennen und unethische Verhalten konsequent zu ächten.

Die in Deutschland eingeführte soziale Marktwirtschaft sollte den Ausgleich zwischen Wohlstand, ,Gerechtigkeit' und Ethik schaffen.[84] Sie war jedoch nicht zur Wohlstandsnivellierung gedacht, sondern sollte Leistung belohnen und denen helfen, die keine Leistung erbringen können (nicht denen, die keine Leistung bringen wollen). Wenn solch ein Sozialsystem aber degeneriert und die, die sich so lange irgend möglich selbst helfen wollen auch noch bestraft, dann liegt eine Fehlent-

---

[82] Ludwig Erhard, der die soziale Marktwirtschaft in Deutschland eingeführt hat, sprach von *gleichen Startchancen*
[83] Zur Einführung und fundierte Quellen siehe: http://dsw.uni-marburg.de ; http://icie.zkm.de ; www.iwe.unisg.ch
[84] Die soziale Marktwirtschaft gründet im Übrigen auf den Gedanken des Neoliberalismus. Dieser Begriff ist aber in Unkenntnis der Inhalte (er wird mit dem Manchester-Liberalismus gleichgesetzt) im heutigen Sprachgebrauch als politisches Schimpfwort verstanden.

wicklung vor. Da gibt es Handlungsbedarf auf Seiten der Unternehmen sowie auf Seiten der Arbeitnehmervertretungen und der Administration.

Unternehmen müssen sich ihrer gesellschaftlichen Verantwortung bewusst sein und sich ihr auch stellen, ohne aber zum „Sozialwerk" zu werden. Die „...Integration von wirtschaftlichem Erfolg und sozialer Wirkung..." ist das Merkmal sozialer Marktwirtschaft. Dies erfordert „...unternehmerisches Wirken mit Blick auf die mittlere Frist...".[85] Handeln nach kurzfristiger Renditebetrachtung ist nicht nur für eine Volkswirtschaft, sondern auch für ein Unternehmen letztlich schädlich. Einen guten   Überblick über die „Coporate Social Resposibility" (CSR)[86] und dem daraus entstehendem Nutzen für Gesellschaft und Unternehmen zeigen Porter und Kramer[87]. Sie nennen eine geeignete Strategie als Voraussetzung für die soziale Verantwortung seitens der Unternehmen.

Die Arbeitnehmervertretungen sind ein wichtiger und unverzichtbarer Faktor für soziale Balance in einer Gesellschaft. In einer globalisierten Welt stehen sie vor großen Herausforderungen, denn sie müssen lokal handeln mit globalen Parametern. Deshalb sind Ideologien des Industriezeitalters wenig hilfreich. Pragmatismus und wirklichkeitsnahes Handeln ist opportun, d.h. für Arbeitnehmervertretungen wäre es nachhaltig förderlich, wenn sie ihre Klientel auf die neuen Herausforderungen vorbereiten, und dazu etwas vom Einzelnen fordern und ihn fördern (emanzipatorische Politik). Wenig hilfreich ist es, einen großen Teil der Aktivitäten mit dem Versuch oder dem Versprechen der völligen Risikofreiheit für die Beteiligten zu verbringen (kompensatorische Politik). Dies führt bei den meisten zu „social loafing"[88], was wenig zu deren Weiterentwicklung beiträgt. Vorbereitung auf neue Herausforderungen ist allemal besser, als nicht haltba-

---

[85] Dahrendorf, 2004
[86] Siehe auch: www.csrgermany.de ; www.csreurope.org ; www.csr-asia.com
[87] Porter Michael E.; Kramer Mark R., 2007
[88] *engl.* : soziales Faulenzen. Eine wissenschaftlich experimentell gesicherte Erscheinung, bei der jemand eine Gruppe sucht und mögliche individuelle Anstrengungen auf diese verlagert; jemand wird es schon richten, man ist eben ein Team.

re Zustände mit Macht zu verteidigen. Schrebergartengemütlichkeit auf hohem Wohlstandsniveau lässt sich im Wirtschaftsleben nicht mehr halten.

Wenn Leistung und Initiative der Einen und Bequemlichkeit und Nichtleistung der Anderen in gleicher Weise honoriert wird, kann kein Wohlstand entstehen oder gehalten werden, denn jeder Anreiz zur Leistung wird erstickt. Anreize sind aber das Herz einer Marktwirtschaft, verbunden allerdings mit materieller Ungleichheit. Ob durch unterschiedliche Fähigkeiten oder Glück, die individuelle Leistung wird unterschiedlich sein. In vielen Fällen wird nicht einmal feststellbar sein warum die Leistung höher ist. Wenn das Einkommen mit Leistung verbunden ist, ist materielle Ungleichheit unausweichlich. Je enger die Verbindung von Leistung und Einkommen ist, je größer wird die Ungleichheit (incentive-equality trade-off). Wenn eine Gesellschaft hohe Anreize bietet, ist eine hohe gesamtwirtschaftliche Leistung und Wohlstand wahrscheinlich. Wenn hohe Steuern oder sonstige Abgaben zur Finanzierung eines Sozialsystems erhoben werden, um Ungleichheit zu nivellieren, sinken die Gesamtproduktion und der Lebensstandard. Es ist nun eine gesellschaftliche Herausforderung im globalen Kontext das geeignete Maß an Anreizen zu liefern.[89] Der Zukunftsforscher Matthias Horx[90] spricht gar von der *kreativen Meritokratie* mit den besten Zukunftsaussichten in der heutigen und zukünftigen Arbeitswelt. Für Ihn ist die Kernqualifikation der neuen Arbeitswelt: Nein sagen. Scheitern lernen. Neu anfangen. Das eigene Maß finden.[91]

Die Administration gewinnt in der globalisierten Welt mit geeigneten Rahmenbedingungen für den Wohlstand. Sie muss sich dabei aus den Details zurückziehen. Es ist eine Überschätzung des Sinnvollen[92] und Machbaren[93], wenn versucht wird, alle Lebensbereiche der Bürger in beliebiger Tiefe reg-

---

[89] Vergl. Stiglitz, 2002
[90] Horx, 2006
[91] Ebd. S. 150
[92] Als Beispiel für Deutschland ist das Ladenschlussgesetz zu hinterfragen, im Übrigen ein weltweites Kuriosum.
[93] Starre Arbeitsmarktregelungen versus Abbau der Arbeitslosigkeit als Beispiel für die Situation in Deutschland.

lementieren zu müssen. Eine Grundausstattung der Bürger und Einflussnahme auf die Bereiche, die sich eines funktionierenden Marktes entziehen – wie beispielsweise das Gesundheitswesen und der Bildungssektor – sind bereits hohe und ausreichende Herausforderungen für den öffentlichen Bereich. In der globalen Gesellschaft wird ein starker Staat benötigt, aber kein fetter unbeweglicher Staat. Zuviel Sicherheit macht träge.[94] Vornehmste Aufgabe der Politik sollte es sein, die Rahmenbedingungen für die strategische Positionierung des eigenen Landes in der globalen Wirtschaft zu schaffen. Die Produktivität des öffentlichen Sektors muss zudem in den entwickelten Industrie-Staaten steigen, denn die aufgrund demografischer Verschiebung alternden Bevölkerung kann auf Dauer nicht in gleichen Maße wie bisher von der geringeren Anzahl der in Arbeit stehend Bevölkerung durch ständig steigende Steuern mit staatlichen Leistungen versorgt werden. Die staatliche Administration ist die einzige Organisation, die Ineffizienz und Ineffektivität, ja sogar Verschwendung, einfach per Gesetz durch höhere Einnahmen verdecken kann. Ausreichend Verbesserungspotenzial ist also vorhanden.

Angesichts des steigenden Einsatzes von Maschinen und Roboter als Substitut der menschlichen Arbeit sollte auch die Frage gestellt werden, ob sich nicht die Strukturen einer Gesellschaft entwickeln, in der nicht Menschen sondern Maschinen den Unterhalt der Menschen erarbeiten und ob nicht der gegenwärtige Bevölkerungsrückgang in den Industriestaaten ein Regulativ dieser Entwicklung ist. Mit der Extrapolation der gegenwärtigen Entwicklung ist die Frage berechtigt, ob der Einsatz menschlicher Arbeitsbienen wirklich noch die Basis für den Erhalt der Gesellschaft ist und die menschliche Arbeit als Grundlage für die materiellen Voraussetzungen eines Staates taugt. Es ist also eine Diskussion wert, ob nicht das Produkt der Kräfte, die den Menschen im Arbeitsprozess ersetzen (Maschinen, Roboter, etc.) in geeigneter Form zum Unterhalt der Menschen beitragen. Bisher ist nicht bekannt, wie eine Gesellschaft mit Maschinensklaven funkti-

---

[94] Vergl. Höffe, 2002

oniert. Bekannt ist nur, dass Sklavengesellschaften in der Vergangenheit – bei aller unbegreiflichen Inhumanität den Sklaven gegenüber – wohlhabend waren und auf hohem wissenschaftlichem (kulturellem) Niveau lebten, denn Arbeit war für die (freien) Menschen eine Sinnfrage, nicht eine Frage des Lebensunterhalts.

Die gesellschaftlichen Stellschrauben der Industriegesellschaft sind bereits überbeansprucht und in vielen Bereichen obsolet. Eine neue Denkweise setzt sich aber nur schwer durch, denn das Beharrungsvermögen der Beteiligten ist enorm und wurde in der Geschichte meist nur durch Krieg und Katastrophe befördert, kaum durch Nachdenken. Dass der Mensch sich durch seine Arbeit definiert, weil er durch Arbeit sein Leben bestreitet, ist eine Erkenntnis der bisherigen menschlichen Entwicklung, dies schließt nicht aus, immer wieder neu darüber nachzudenken. Götz Werner liefert zumindest einen ersten Denkansatz.[95] Es wird sich lohnen, weiter darüber nachzudenken.

Die Bürgern sind sich diese Situation bewusster, als viele Politiker es sehen wollen.[96] Die Bevölkerung versuchen sich durch Eroberung der vierten Macht im Staat (Presse und Medien) das demokratische Mandat von den Parteipolitikern zurückzuholen. Nach Meinung eines sehr großen Teils der Bevölkerung sehen viele Politiker ihre politische Tätigkeit – das Folgende betrifft in erster Linie Deutschland bzw. Europa – ohnehin nur noch darin, aus den Partei-Grüften das Volk mit Wahlversprechen, die meist mit hohen Sozialausgaben verbunden sind, ruhig zu stellen, um bei den inter- und intraparteilichen Brunftritualen zur Erhaltung der eigenen Macht weitgehend ungestört zu sein.[97] Die Menschen werden mit Entscheidungen konfrontiert, ohne ausführliche Erklärungen zu Notwendigkeiten und/oder Gemeinnutzen. Das Volk empfindet sich nicht als Souverän, sondern nur in den kurzen Perioden der Wahlkämpfe überhaupt wahrgenommen. Die Selbstgefälligkeit hat teilweise ein erschreckendes Ausmaß

---

[95] Werner, 2005

[96] Vgl.: FAZ, Nr. 149, 30.06.2006, S.7, „Gar nicht so ängstlich"

[97] Siehe bspw.: "Wikigründer startet politische Wikis
http://www.heise.de/newsticker/meldung/75160 (07.2006)

(die Soziologie würde von einem ausgeprägten *Gruppen-denken*[98], *groupthink,* der Parlamentarier sprechen). Kritik am eigenen Tun wird häufig mit persönlicher Diffamierung des Kritikers beantwortet oder mit ‚Stammtischgeschwätz' abgetan. Man spricht von einer politischen Klasse (ein Anachronismus in einer Demokratie), die das politische Schicksal des Landes bestimmt; sozusagen ein politisches Kastensystem, in das man durch Geburt oder durch Jahrzehnte lange Tätigkeit in einer Partei aufgenommen wird. Bei Neuwahlen meint das Volk nur zwischen Scylla und Charybdis[99] entscheiden zu können und bleibt zum großen Teil den Wahlen fern. Politiker reiben sich verwundert die Augen und sprechen von Wahlmüdigkeit, die es zu überwinden gilt.

Wenn schließlich die verfügbaren Mittel weitere Wahlversprechen nicht zulassen, bildet man die Regierung aus den größten Parteien (man nennt das euphemistisch eine Große Koalition), das Volk wird mit Brot und Spiele ablenkt und die Wahlgeschenke der Vergangenheit zurückgenommen, der Rest bleibt gleich. Die Spirale der Wahlversprechen zum Instrumentalisieren der Bevölkerung kann aufs Neue beginnen.

Weite Teile der Bevölkerung durchbrechen bereits die Hierarchie der Meinungsbildung mittels direkten Informationsaustauschs.[100] Das Internet bietet ausreichend Gelegenheit, den Dialog der Masse mit der Masse, außerhalb der offiziellen und/oder etablierten Kanäle, zu fördern. Neben Information, Meinungsumfragen und dem öffentlichem Dialog der Volksvertreter mit den Bürgern über das Internet[101] oder für jedermann zugängliches Wissen in Online-Enzyklopädien[102],

---

[98] http://de.wikipedia.org/wiki/Gruppendenken

[99] Die Charybdis war ein gestaltloses Meeresungeheuer aus der griechischen Mythologie, das gegenüber der Scylla, einem Meeresungeheuer mit dem Oberkörper einer jungen Frau und einem Unterleib aus sechs Hunden, in der Straße von Messina lebte. Sie sog dreimal am Tag das Meereswasser ein, um es danach brüllend wieder auszustoßen. Schiffe, die in den Sog gerieten, waren verloren. Wer also Charybdis entfloh, wurde von Scylla bedroht. Bekannt aus der Odyssee des Odysseus.

[100] Vgl. Grossman, 2006

[101] Siehe bspw.: www.abgeordnetenwatch.de

[102] Siehe bspw. www.wikipedia.de

ist auch ein neuer Journalismus entstanden. In so genannte „weblogs" – oder einfach „blogs"[103] – werden die domestizierten Meinungsmacher der etablierten Presse übergangen und die Dinge so angesprochen wie sie sich darstellen, ohne das Filter der Nachrichtenmacher, die sich nicht selten durch herzhafte Arroganz und bemerkenswerter Unkenntnis über die behandelten Themen hervortun, oft nur bruchstückhaft berichten und die aus dem Kontext gelösten Fraktale subjektiv verfälscht einordnen.

Blogs sind „speakers corner"[104] des *global age*, wo jeder seine Ansichten und Meinungen öffentlich kundtun kann und global wahrgenommen wird.[105] Die Veröffentlichungen können von beliebigen Personen kommentiert oder weitergeleitet werden. Eine gewisse regional beschränkte Wirkung ist in der Regel durch die verwendete Sprache gegeben. Weltweit beachtete blogs sind meist in Englisch – der quasi Lingua franca im Internet – verfasst. Es werden Tagebücher geführt, Ansichten und Meinungen, vertreten und auf andere Internetseiten verwiesen. Berichte von Beteiligte in besonderen Situationen (Katastrophen, Kriege, Krisen etc.) sind ebenso vertreten wie Insidernachrichten aus Unternehmen. In den U.S.A. gibt es bereits viele Beispiele, in denen über blogs politische Machenschaften aufgedeckt oder vehementer Druck auf die Regierung ausgeübt wurde (Irak-Krieg etc.). Einige gehen sogar so weit, zu fordern, den Spieß umzudrehen. Die Netz-Bürger sollen mit Hilfe des Internets „Problempolitiker" des Staats überwachen,[106] anstatt, oder in Ergänzung, des praktizierten gegenteiligen Falls[107]. Totalitäre Regierungen reagieren bereits mit Repressalien und Inhaftierung auf solche demokratischen Kräfte.

Natürlich ist eine enorme Bandbreite in der Qualität der Inhalte von blogs vorhanden. Erstaunlicherweise haben populäre blogs aber eine hervorragende Qualität. Einige haben,

---

[103] Näheres zu weblogs weiter unten
[104] „Speakers Corner" ist eine sehr alte Einrichtung im Londoner Hyde Park, wo jeder seine Ansichten und Meinungen öffentlich äußern kann.
[105] Siehe Erläuterungen von Senator John Edwards:
http://blog.oneamericacommittee.com/tag/Amanda%20Congdon (08.2006)
[106] www.heise.de/newsticker/meldung/83063 (12.2006)
[107] www.sueddeutsche.de/computer/artikel/65/93971/ (12.2006)

zumindest über eine gewisse Zeit, regelrechten Kultstatus. Es wurden mittlerweile sogar angesehene Preise an die Autoren von blogs verliehen.[108] Das Filter der öffentlichen Meinung funktioniert also besser als viele Meinungsmacher wahrhaben wollten. Kein Wunder also, dass diese den neuen Möglichkeiten skeptisch gegenüber treten und Kontrollen fordern (beispielsweise bei den Internet-Suchmaschinen), also ihre Meinungsmacht zurückfordern.

Die politische Bedeutung des Internets wird durch eine Studie in den U.S.A. belegt, sie zeigt, dass das Internet zunehmend auch im Wahlkampf eingesetzt wird. Untersuchungen haben ergeben, dass sich bereits ca. 15% der Wähler im Internet informieren und etwa 69% im Fernsehen. "Vor zehn Jahren wirkten vielleicht 100 Journalisten auf die wichtigsten Fernseh-Sendungen ein. Heute haben auch mindestens 1000 Blogger Einfluss", betont Steven Clift, der für die Vereinten Nationen die Möglichkeiten des Internets für Demokratien erforschte".[109]

Unternehmen versuchen die enorme Wirkung von blogs nun ebenfalls zu nutzen, indem sie blogs für das Marketing und der Produktplatzierung bzw. –Kommentierung einsetzen. Wenn dabei nicht geschickt vorgegangen wird, kann eine Bumerang-Wirkung entstehen. Ein Unternehmen oder ein Produkt wird dann von der weltweiten Community diskreditiert.

Das Verhältnis der Unternehmen zu ihren Kunden hat sich stark geändert, *Kundenorientierung* ist das Zauberwort. Es ist schon erstaunlich, dass eine eigentlich selbstverständliche Grundhaltung eines Unternehmens nun propagierter Leitgedanke für unternehmerisches Handeln wird. Die Gründe dafür sind zum einen die neuen Möglichkeiten der Netze, wie bspw. *mass customization*, also die individuelle Ansprache großer Anzahl von Kunden relativ einfach und preiswert durchzuführen. Zum anderen wird der Druck des Marktes auf die Unternehmen größer, denn die Kunden und die potenziellen Kunden haben mehr Möglichkeiten sich im Markt zu

---

[108] Siehe bspw.: http://www.thebobs.com/ (11.2006) von der Deutschen Welle.
[109] www.heise.de/newsticker/meldung/84745 (02.2007)

orientieren und zu informieren. Fast alle funktionierenden Märkte sind Nachfragermärkte geworden.

Aber nicht nur zur externen Kommunikation werden blogs (oder wikis[110]) eingesetzt, auch für die interne Unternehmenskommunikation, für den Erfahrungsaustausch und dem kollaborativen Gruppenarbeit wird diese Technologie erfolgreich genutzt.

---

[110] Wikiwiki, *hawaiijanisch*: schnell. Hier, Hinweis auf die leichte und schnelle Bedienbarkeit. Gleiche Technologie wie blogs, wikis sind aber von vornhinein als öffentlicher Beitrag gedacht, während blogs i. d. R. von einzelnen Personen stammen. Wikis können von Jedermann kommentiert und/ oder geändert werden. Bekanntestes Beispiel ist www.wikipedia.org

Wirtschaften in mikroökonomischer Perspektive im Kontext der Vernetzung

*Die Zeit verschiebt nicht nur die Zwecke,
auch andere Mittel fordert sie.*
Johann Wolfgang von Goethe

Wirtschaften ist ein sehr komplexes Thema. Mit der Globalisierung und der ständig steigenden Anwendung von Technologie ist sie komplexer als die meisten Medienbeiträge dies vermitteln und umfangreicher, als die meisten Beiträge, die sich mit Einzelaspekte in epischer Tiefe beschäftigen, dieses vermuten lassen. Dieser Band der kleinen Buchreihe „Leben in einer vernetzten Welt" kann das Thema nicht vollständig und nicht detailliert darlegen. Dies ist auch nicht die Absicht. Es soll vielmehr versucht werden, durch die Behandlung von einigen ‚Orientierungspolen' die Zusammenhänge und Verflechtungen vernetzter wirtschaftlicher Tätigkeit als ‚Übersichtskarte' darzulegen.

Die Komplexität der Wirtschaft ist durch die Vernetzung beträchtlich gestiegen. Jedoch haben die Vorteile und der erzielte Nutzen relativ schnell dazu geführt, dass die Unternehmen diese Innovation aufgriffen. Zunächst wird anhand einiger Beispiele die Motivation der Unternehmen beleuchtet, die Vernetzung als Chance zu sehen.

Mit der Effizienzsteigerung innerhalb der Unternehmen aufgrund der IT-Unterstützung entstand sehr schnell der Wunsch, diese Möglichkeit auch für die Kontakte oder die Beziehungen zu anderen Unternehmen und zu den Endkunden zu nutzen, denn die Vernetzung würde bekannte Herausforderungen lösen können, aber auch neue Möglichkeiten der Beziehung zwischen den Unternehmen aufzeigen.
Eine der Herausforderungen, die von den Unternehmen schon sehr lange gelöst werden wollte, war die bessere und zeitnahe Koordination der Lieferkette (supply chain). Es konnte nämlich
ein Effekt beobachtet werden, der für unnötige Kosten und Irritationen bei Lieferanten und Kunden führte.

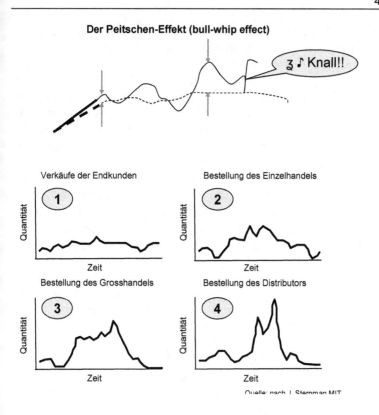

Abbildung 3: Der "Peitscheneffekt" in der Lieferkette

Diese unter dem Schlagwort „Peitscheneffekt" bekannte Störung war Ursache für redundante Zwischenlager und damit unerwünschte Kapitalbindung oder es bildeten sich Lieferengpässe, die kurzfristig nicht aufgelöst werden konnten. Der Effekt ist auf fehlende Koordination zwischen den Unternehmen zurückzuführen. Geringe Nachfrageschwankungen am Ende der Lieferkette hat aufgrund von ‚Schätzungen' des Bedarfs von Unternehmen zu Unternehmen erratisch höhere Auswirkungen auf den Ausstoß. Beim letzten Unternehmen ist der Effekt am größten, es kommt zum ‚Knall'. Abb. 2 zeigt den Versuch, dies graphisch darzustellen.

Mit neuen *supply-chain-management-systemen* ist die Koordination, also die Planung und Lieferabstimmung optimierbar, um den Peitscheneffekt gering zu halten.

Die konsequente Durchsetzung auf breiter Ebene hat sich bisher nicht eingestellt. Die Gründe dafür sind nicht technologischer Art, sondern viele Unternehmen scheuen sich, die notwendigen Daten auszutauschen, mit der Begründung, dass diese unternehmenssensibel sind und/oder Schutzrechten unterliegen. Die Zukunft gehört jedoch der „demand driven" Unternehmung, also die profitable Ausrichtung auf die Bedürfnisse der Kunden, der Lieferanten und der Unternehmung selbst. Eine funktionierende ‚supply chain' – oder besser eine ‚demand chain' – ist dafür Voraussetzung, denn nur so kann genügend Flexibilität erreicht werden, die der fragmentarischen und segmentierten Umwelt gerecht wird. Flexibilität zur möglichst individuelle Ansprache und Nachfragebefriedigung der Kunden und globales ‚sourcing' der Lieferanten sind also einige der Antworten auf die Herausforderungen der globalen Wirtschaft. Ein neuer ‚Schub' für das supply-chain-management kann durch die RFID-Technologie[111] entstehen. Diese Technologie schließt eine noch bestehende Lücke im Lieferkettenmanagement indem die Daten des Güterflusses mit vertretbarem Aufwand in Echtzeit und weitgehend automatisiert zur Verfügung stehen. Kostentreibende Zwischenlager oder Lieferengpässe können so weitgehend vermieden werden.

Exkurs: RFID in der Logistik

Die auf Funk basierende Identifikationstechnologie beginnt sich als wichtige Alternative zu Barcode oder ähnlichen Verfahren zu etablieren. Auf die Geschichte und Technologie soll hier nicht eingegangen werden, diesbezüglich wird auf Band 1 und andere Veröffentlichungen[112] verwiesen.

Die wesentlichen Vorteile von „radio frequency identification (RFID) gegenüber anderen Identifikationstechnologien sind:

---

[111] **R**adio **F**requency **Id**entification. Zu technischen Details siehe Korz 2005, Korz 2006

[112] Korz, 2005; Korz, 2006

- Das Lesegerät benötigt keine ‚Sichtverbindung' zum Identifikationsobjekt.
- Die Identifikation ist weitgehend resistent gegen Verschmutzung der Tags.
- Kaum störende Umgebungsbedingungen (außer solchen, die Rundfunkwellen beeinflussen).
- Die Identifikationsentfernung kann je nach eingesetzter Technologie einige cm bis zu mehreren Metern betragen.
- Gleichzeitige Identifikation mehrer Objekte ist möglich (bulg identification).
- Die Identifikation mit RFID erfolgt sehr schnell im Vergleich zu anderen Identifikationstechnologien.

Lokalisieren von Wirtschaftsgütern kann zeitnah (realtime) und in weitgehend automatisiert erfolgen. Es erfordert zwar einige Anstrengungen, die große Datenmenge, die dabei entsteht, zu bewältigen, dies wird aber durch die lückenlose Ortung der Güter in der Lieferkette kompensiert. Dabei können sogar zusätzliche Daten wie beispielsweise die Temperatur (wichtig in Kühlketten) oder die Herkunft von Bestandteilen (Ursprungsnachweis) mitgeführt werden, dies ermöglicht lückenlose Rückverfolgung. Bei der Konzeption und/oder bei Kostenbetrachtungen ist es sinnvoll drei Basis-Szenarien zu unterscheiden:

Intrazirkulation, die zu identifizierenden Güter zirkulieren innerhalb eines Unternehmens. Es kann sich dabei beispielsweise um Verwalten und Lokalisieren von Ladungsträter, Transportmittel oder Werkzeuge handeln (allgemein: asset management und real-time location system - RLTS). Die eingesetzten Standards und Technologien sind relativ frei wählbar. Die Kostenbereiche sind gut definierbar.

Interzirkulation, die Identifikationsobjekte bewegen sich über Unternehmensgrenzen hinweg. Die Technologien und Standards müssen mit allen Unternehmen abgestimmt sein. Bei global verteilten Unternehmen kann dies gegenwärtig noch eine Herausforderung sein, denn die Standards sind noch nicht in allen Ländern gleich (bspw. Funkfrequenzen, Funkleistungen, etc.). Es stellt sich zudem die Frage der Kosten-

verteilung des Gesamtsystems auf die einzelnen Unternehmen.

Offenen Systeme werden in der Regel für Verbrauchsgüter
und Gebrauchsgüter eingerichtet. Ein RFID-Tag ‚auf jeder
Milchtüte' setzt den Supply Chain bis zum Endverbraucher
fort. Neben den Vorteilen in der eigentlichen Lieferkette, die
bis zum automatischen Erkennen von Fehlbeständen in den
Regalen der Verkaufsräume reicht, sind weitere Anwendungen möglich. So können beispielsweise Garantieansprüche
von Geräten besser verfolgt, die Authentizität von Marken-
produkten festgestellt (Plagiate), die Eigentumsverhältnisse
bei Diebstahl eindeutig zugeordnet, Herkunftsstammbäume
(Pedigree) von Vorprodukten nachvollzogen und Kühlketten
überwacht werden. Viele weitere Anwendungen sind denkbar. Für die Akzeptanz solcher Anwendungen ist jedoch ein
erhöhter Schutz der persönlichen Daten erforderlich. Das
Datenschutzproblem beschäftigt derzeit die Verbraucher-
schutzverbände, die Politik und die Wirtschaft.

Bis in die 1980er Jahren waren die Unternehmen auf eigens
von Telekommunikationsunternehmen gemietete Leitungen
für die Vernetzung angewiesen (so genannte ‚Standleitun-
gen'). Diese waren meist teuer, und nur größere Unternehmen konnten sich leisten diese Möglichkeiten auszuschöpfen. Mit erscheinen des Internets (www)[113] ergaben sich
neue und kostengünstigere Möglichkeiten der Vernetzung.
So war es nun möglich, nicht nur die Lieferanten und Abnehmer sondern auch die Endverbraucher mit dem Unternehmen zu vernetzen. Es bildeten sich bald Akronyme für
die Art der Vernetzung heraus (Siehe Tabelle 1).

Vor allem die direkte Ansprache des Endkunden (Privatkun-
den) über das Internet wurde ab Mitte der 1990er Jahre zum
Hype[114]. Es entstanden viele neue Geschäftsmodelle. Die

---

[113] Details, siehe Korz 2005
[114] Hype, *engl.* (Slang) Kurzform von: hypodermic, unter der Epidermis,
subkutanes Injizieren von Medikamenten oder Drogen, in abgeleiteter Bedeutung: Die Werbetrommel rühren, Medienrummel, etw. aufbauschen,
künstlich stimulieren.

Modelle waren allerdings teilweise untauglich, weil sie die den Eigenschaften des Internets nicht optimal angepasst waren und die Möglichkeiten des Internets über- oder unterschätzten.

	Unternehmen	Privat	Administration (Behörden)
Unternehmen	B2B (Business to Business)	B2C (Business to Customer)	B2A Business to Administration
Privat		C2C (Customer to Customer) Gelegentlich auch P2P (Peer to Peer)*	C2A (Customer to Administratin)
Administration (Behörden)			A2A (Administration to Administration)

Tabelle 1: Akronyme für vernetzte Beziehungspartner

Der größte Teil der Geschäftsmodelle war zwar grundsätzlich für das Internet geeignet, jedoch wurde nicht berücksichtigt, dass zur fraglichen Zeit nur ein Bruchteil der Bevölkerung im Internet vertreten war. Dieser setzte sich zudem meist aus jungen ‚Technik-Freaks' zusammen, die weniger die Einkaufsmöglichkeiten im Internet sondern die Kommunikationsmöglichkeiten (chat, e-mail usw.) und das Spiel-Angebot nutzten. Nach der ZDF-Online-Studie 2003 waren in 1997 lediglich 6,5% der deutschen Bevölkerung über 14 Jahre im Internet vertreten; in 2003 waren es immerhin 51,5 %. Erst in den letzten zwei bis drei Jahren, nachdem nun über 60% der Bevölkerung einen Internetzugang hat, werden die Internetumsätze einiger Unternehmen nennenswert bis dominant. Ähnliche Zahlen, mit einigen Jahren Vor- oder Nachlauf, waren für andere Länder gültig.

Wie eigentümlich mutet es dann an, dass in den 90er Jahren (bis zum Platzen der Internetblase 2000) ungeheure Summen in Internetunternehmen investiert wurden, für die es nicht ausreichend potentielle Abnehmer gab und auch in naher Zukunft nicht geben würde. Mit den hohen Fixkosten typischer Internetunternehmen belastet, konnten diese nicht lange durchstehen. Eine nicht geringe Zahl der neuen Unternehmen hat zudem den Aufwand für den Versand physischer Waren unterschätzt. Ein Angebot im Internet erzeugt beim Käufer intuitiv das Gefühl, dass das Eintreffen der Ware nicht weniger schnell stattfinden muss wie das Bestellen über das Netz. Dies stellt hohe Anforderungen an die Auftragsabwicklung (fulfillment). Es gibt wenig Wunder, dass heute gerade diejenigen Unternehmen im Bereich der physischen Güter vom Internet profitieren, die im Warenversand gut aufgestellt sind und große Erfahrung haben. Der traditionelle Versandhandel macht beispielsweise gegenwärtig bereits bis zu 30% des Umsatzes über das Internet. Für den stationären Einzelhandel, der sich wegen der beschriebenen Schwierigkeiten, zeitweise aus dem Internethandel zurückgezogen hatte, ist nun laut einer IBM/Impulse- Studie (Studie 2006) ein Anstieg des Umsatzes über das Internet zu verzeichnen.[115] Der Internetauftritte der meisten Einzelhändler dient dennoch meist lediglich der Information. Diejenigen, die weiterhin Internethandel betreiben, tun dies ständig professioneller, denn nur so bleibt dieser Vertriebskanal profitabel. Immerhin liegt der Web-Kommerz (BtoC) bereits bei ca. 200 Milliarden Dollar.[116]

Strategie und Geschäftsmodell

Der vorgenannte Streifzug durch einige Begebenheiten aus der Wirklichkeit der Internetwirtschaft machen deutlich, dass die Herangehensweise und Umsetzung eines Geschäftsmodells immer Ausfluss einer Strategie sein muss, um erfolgreich zu sein. Eine Strategie ist also nicht das Geschäftsmodell. Das Geschäftsmodell ist das Mittel für die Umsetzung der Strategie. Das Scheitern der Unternehmen in der Netz-

---

[115] Laut einer Studie von Forrester Research liegt die Umsatzquote für den Internethandel im Einzelhandel derzeit bei ca. 7 Prozent (http://www.silicon.de/enid/storage_network/19573), (03.2007)
[116] Ebd.

wirtschaft war und ist sehr häufig auf eine wenig realistische oder gänzlich fehlende Strategie zurückzuführen. In den 90er Jahren des letzten Jahrhunderts wurden nicht selten Geschäftsmodelle entwickelt, die einfach die technischen Möglichkeiten des Internet ausprobiert haben. Diese technikgetriebenen Modelle scheiterten, weil der Nutzen für die potentiellen Kunden fehlte, oder nicht klar war, wie der Gewinn erwirtschaftet werden sollte; kurzum, es fehlte eine Strategie, die diese Fragen beantwortete.

Im Übrigen stammt der Begriff ‚Geschäftsmodell' aus dieser Pionierzeit. Der Unternehmenszweck (so die traditionelle Bezeichnung) wurde in ein Daten- und Prozessmodell projiziert das alle Aspekte abdeckte und so entstand ein ‚Modell' des gesamten Geschäfts.

Ein Geschäftsmodell besteht aus Teilmodellen, die Antwort auf die drei wesentlichen Fragen geben:[117]

1. Value Proposition (Nutzenangebot)[118]
2. Leistungserstellung
3. Ertragsmodell

Value Proposition stellt dar, welchen Nutzen die Kunden und eventuell vorhandene Wertschöpfungs-Partner durch die Unternehmung haben.

Die *Leistungserstellung* beschreibt *wie* die Unternehmung die Wertschöpfungskette gestaltet, um das Nutzenversprechen einzulösen (Produkt- und Marktstrategie).

Das *Ertragsmodell* beantwortet die Frage: "Wodurch wird Geld verdient?"; Auf welche Weise soll also die Unternehmung ein Einkommen erwirtschaften und wo liegen die Quellen dazu.

Was also Erfolg im Internet bedeutet, hängt davon ab, was beabsichtigt ist, wie es erreicht werden soll und wo die Gewinnchancen liegen.

---

[117] Vgl. Stähler 2002; http://de.wikipedia.org/wiki/Hauptseite (Suchwort: „Geschäftsmodell")

[118] Aufgrund falscher Übersetzung aus dem Englischen wird hier oft die falsche Bezeichnung ‚Mehrwert", den man den Kunden anbiete, verwendet. Dieser Begriff ist in den Wirtschaftswissenschaften jedoch anders belegt.

Einige Beispiele für Erfolgsfaktoren in der Internetwirtschaft

Im Allgemeinen ist im Internethandel derjenige erfolgreich, dessen Produkte besonders geeignet sind und/ oder dessen Geschäftsmodell den Eigenschaften des Internets besonders gut Rechnung trägt. Die folgende kleine Tabelle aus dem Band 1 gibt einen grundsätzlichen Überblick über diese Eigenschaften (weitere Details siehe Band 1)

Eigenschaft	Wirkung
anywhere, anytime (überall, zu jeder Zeit)	➜ **Überbrücken von Raum und Zeit** (an jedem Ort zu jeder Zeit erreichbar)
Anybody (Jedermann)	➜ **grundsätzlich jeder erreichbar**
interaktiv	➜ **Information, Kommunikation, Transaktion** (zur Definition siehe Band 1)
digitale Technologie	➜ **Text, Ton, Bild** (Auch bewegt: Video, 3D). ➜ **Marginale Grenzkosten der Reproduktion von Inhalten.** (ugs.: Die Erstellung des ersten Stücks Inhalt ist teuer, jedes weitere erstellte oder kopierte kostet fast nichts) ➜ **Transfer digitalisierbarer Güter** (Bsp.: Software, Bücher, etc.)

Tabelle 2: Eigenschaften des Internets

Wie diese Eigenschaften wirtschaftlich umgesetzt werden können oder in Geschäftsmodelle einfließen, hängt natürlich stark von den verfügbaren Technologien ab. *Die Kenntnis der technischen Möglichkeiten und gleichzeitig die Fähigkeit, die wirtschaftlichen Auswirkungen und Chancen einzuschätzen, sind Grundvoraussetzungen für den Entwurf profitabler Geschäftsmodelle im Internet.* Das wirtschaftlich und das technisch Machbare bedingen sich gegenseitig. Ob das wirtschaftlich Gewollte auch technisch machbar ist, oder ob das technisch Mögliche wirtschaftlich verwertbar ist, sind Fragestellungen einer Strategieentwicklung. Fehlende Kenntnisse auf einem der beiden Gebiete führen zu fatalen Folgen. Dies erfordert auch die ständige Überprüfung der bestehenden Geschäftsmodelle auf ihre wirtschaftliche Relevanz und zeitgemäße technische Ausstattung. Nur die innovative Weiterentwicklung kann die nötige Profitabilität und ausreichende Differenzierung zu den Wettbewerbern längerfristig garantieren.

Exkurs:
Ein typisches Beispiel für die Interdependenz von Wirtschaft und Technik ist die Entwicklung der ‚weblogs' bzw. der ‚wikis'.

In der Anfangsphase der Internetauftritte war es notwendig, dass eine Person mit Kenntnissen in der Skriptsprache HTML die Inhalte der Internetseiten und die Gestaltung der Seite eingab. Dies wurde weitergeführt, indem durch Hinzufügen weiterer Skriptsprachen (Pearl, PHP, Javascript, usw.) die Internetseiten dynamischer und interaktiver wurden. Es konnten also neue Funktionalitäten eingebracht werden. Die Abhängigkeit zwischen Kenntnis der neuen technischen Möglichkeiten und der Umsetzung in wirtschaftliche Geschäftsmodelle wurde immer enger.
Mit steigender Menge der Inhalte und der Zwang zu immer mehr Aktualität, machte es erforderlich, dass die Gestaltung der Internetseiten und die Eingabe der Inhalte getrennt erfolgen mussten. Die Seiten konnten nun so angelegt werden, dass die Inhalte von Redakteuren, die keine Programmierkenntnis haben, mithilfe von Content-Management-Systemen eingegeben werden konnten. Diese Systeme wurden ständig verfeinert und neuen Gegebenheiten angepasst. Die interne Verwaltung dieser Systeme ermöglichte beispielsweise die Vergabe von Einzel- oder Gruppenrechte auf bestimmte Inhalte oder die Seitengestaltung.
Die anfänglich statisch gestalteten Internetseiten wurden nun dynamisch, d.h. die Seiten wurden nicht mehr vollständig mit

allen Inhalten versehen im Internetserver vorgehalten, sondern die einzelnen Komponenten der Seiten werden nun in einer Datenbank gespeichert und eine Seite wird beim Aufruf während der Laufzeit zusammengesetzt.

Letztlich konnte – mit der entsprechenden Zugangserlaubnis – von jedem PC, mit dem auf eine Internetseite zugegriffen werden konnte, die Inhalte redaktionell bearbeitet werden. Als diese Systeme zudem mandantenfähig wurden, also die Bearbeitung verschiedener Internetauftritte erlaubten, lag es fast schon nahe, dies dem breiten Publikum für individuelle Auftritte und Inhalte anzubieten.

Mit der „Ajax" Technologie für die Seitengestaltung (siehe Glossar web2) konnte die Funktionalität und Interaktivität der Internetseiten um ein Weiteres erhöht werden. Die Technik existierte nun, es musste nur jemanden geben, der daran glaubte, dass für das, was heute web2 genannt wird, eine Nachfrage bestand. Schließlich kam ein Unternehmer, der die entscheidende Eigenheit der Massen ansprechen wollte und an den Erfolg glaubte. Seine Vision bei der Umsetzung der Idee formulierte er in einem Interview: "Jeder will doch berühmt werden". Er behielt recht, viele versuchen es zumindest. Als dann auch noch das Veröffentlichen von Videos auf diesem Weg technisch möglich wurde, entstand beispielsweise ‚YouTube'[119] und viele nutzen die Gelegenheit, ihre mit der Kamera eines Mobiltelefons oder sonstige Weise aufgenommenen Kurzvideos in das Internet zu stellen.

Dieser kurze Überblick macht deutlich, dass eine evolutionärer technische Entwicklung zu einem revolutionäres Geschäftsmodell führen kann, wenn die Kenntnisse sowohl in Technologie und als auch in Wirtschaft bzw. Marketing vorhanden sind. Ohne diese übergreifenden Kenntnisse können aufgrund mangelhafter Einschätzung der Potenziale die Ideen gar nicht erst entstehen.

Die folgende Abbildung zeigt Unternehmen im Kontext der Vernetzung.

---

[119] www.youtube.com

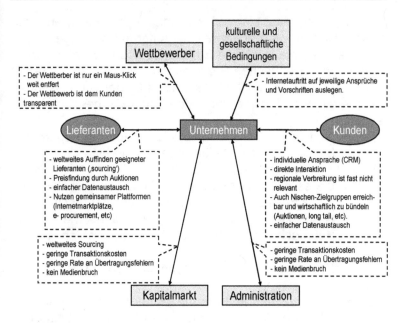

Abbildung 4: Das Unternehmensumfeld im Kontext der Vernetzung

Einige Stichworte in der Abbildung verweisen auf Möglichkeiten und Vorteile bei der Vernetzung. Detaillierte Lösungskonzepte werden hier nicht vorgestellt, da es sich erwiesen hat, dass die Übertragung erfolgreicher Konzepte von einem Unternehmen auf ein anderes Unternehmen problematisch ist. Jedes Unternehmen hat andere innere und äußere Bedingungen – selbst in der gleichen Branche –. Eine individuelle Strategie und deren Umsetzung sind deshalb unerlässlich. Die von diversen Institutionen herausgegebenen ‚best practice' Szenarien können nur eine grobe Richtschnur, aber keine umsetzbare Lösung sein (leider wurde gerade mittelständigen Unternehmen vorgegaukelt, eine ‚Rezeptanwendung' könne erfolgreich sein, mit dem Resultat, dass sich viele Unternehmen enttäuscht zurückgezogen haben).
Im Folgenden werden einige Handlungsfelder und dazu gehörige Stichwörter angesprochen, die zu Erfolgsfaktoren werden können.
Produkte

Grundsätzlich lässt sich jedes Produkt oder jede Dienstleistung über das Internet vertreiben. Aufgrund der Eigenschaften des Internets reicht die Bandbreite des Interneteinsatzes dabei von der einfachen Produktinformation bis zum Internet als Distributions- und Logistikkanal. Für den umfassenden Interneteinsatz sind die folgenden Produkte besonders geeignet:

> digitalisierbare Produkte wie: Computerprogramme, Musik, Videofilme, Hörbücher, Texte etc.

Wenig problematisch sind Produkte:

> die es *nicht* erfordern, durch Anfassen und Berühren den Kaufreiz zu geben oder die Qualität festzustellen (also keine haptischen[120] Produkte wie Stoffe, Schmuck etc.) oder Produkt, die ausprobiert werden müssen.
>
> Produkte, die wenig erklärungsbedürftig sind.

Der Handel über das Internet mit digitalisierbaren Produkten und mit Büchern, Wein, Elektronikgeräten etc., ist aus diesem Grund bisher erfolgreicher als mit andere Produkten.

Die Distribution digitalisierbarer Produkte hat den Vorteil der zeitgleichen Zug um Zug Lieferbarkeit und der geringen Grenzkosten der Produktion (meist jedoch hoher Fixkosten). Dadurch entstehen die in Abb. 4 gezeigten Ertragsverläufe. Wenn Unternehmen für digitale Güter eine bestimmte Größe erreicht haben, können die Erträge enorm wachsen, sofern sich entsprechende Preise auf den Märkte durchsetzen lassen. Bill Gates, der Gründer von Microsoft ist vor diesem Hintergrund zum reichsten Mann der Erde geworden. Auch andere Unternehmen wie: SAP, Oracle, Google usw. unterliegen diesen Gesetzen.

---

[120] Haptisch: den Tastsinn betreffend.

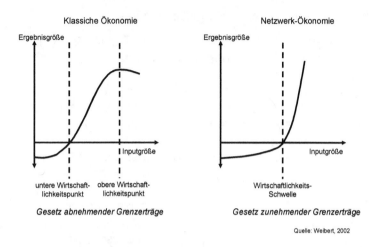

Quelle: Weibert, 2002

Abbildung 5: Gegenüberstellung des Grenzertragsverlaufs

Die Distribution physischer Güter muss auf traditioneller Weise über die bekannten Verkehrswege und Transportmittel erfolgen. Das Güteraufkommen im globalen Handel ist enorm gestiegen, bei gleichzeitigem Sinken der Transaktionskosten – nicht zuletzt durch die Entwicklung der Transportkosten.[121] In 1950 musste man beispielsweise im Vergleich zu 1998 noch ca. das 1,7-fache für Seefracht bezahlen, für Luftfracht das 3,8-fache (für Telekommunikation sogar das 280-fache) –. Diese degressive Entwicklung der Transaktionskosten hat sich bis heute fortgesetzt.[122]

Die Bedeutung von Internetmarktplätzen im Kontext der Transaktionskosten wird in einer anderer Veröffentlichung des Autors behandelt, und an dieser Stelle nicht näher thematisiert.[123]

---

[121] Von einigen Autoren werden in der Transaktionskostentheorie die Transportkosten nicht zu den Transaktionskosten gezählt.

[122] Genaue Zahlen sind hier kaum zu nennen, da sie von der Art der Güter, Branche usw. abhängig sind. Es soll hier nur die Tendenz gezeigt werden.

[123] Korz, 2003a

Kommunikation, Vertrieb und Beschaffung

Die Eigenschaft des Internets (siehe Tabelle 2) birgt neue Möglichkeiten für die Kommunikation und den Beschaffungs- und Vertriebskanälen.

Die kommunikative Nähe zu den Wirtschaftspartnern ermöglicht beispielsweise die individuelle Ansprache einer großen Zahl von Teilnehmern (*mass customization*).

Es können aber auch regional weit gestreut und dünn gesäte Zielgruppen zu profitablen Absatzsegmente zusammengefasst werden. Zur Beschreibung dieses Effekts wurde eine umgangssprachliche Bezeichnung aus dem amerikanischen Mathematikvokabular herangezogen: *long tail*.[124] In statistischen Verteilungen wie: Expotentialverteilung, Paretoverteilung oder bei der ABC-Analyse[125] findet man rechtsschiefen Verteilungen, bei denen seltene statistische Einheiten in den ‚long tail' fallen.

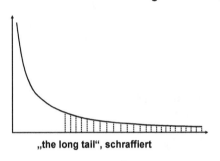

„the long tail", schraffiert

Da im Internet die räumliche Verteilung wenig relevant ist, können bspw. auch Produkte, die regional als „Ladenhüter" gelten im Internet in profitablen Mengen verkauft werden. Solche long tail Produkte werden von Amazon[126] zum Beispiel im Büchermarkt erfolgreich vertrieben. Ein ehemaliger Amazon Angestellter: *"We sold more books today that didn't sell at all yesterday than we sold today of all the books that did sell yesterday."*[127] Das Angebot im Internetauktionshaus eBay macht ebenfalls die Wirkung des Internets für Long-

---

[124] tail, engl.: Schwanz, Schweif, hintere Ende. Hier: long tail, langes Ende.
[125] Siehe Glossar
[126] www.amazon.com
[127] Wir verkaufen heute mehr Bücher von denen, die gestern gar nicht liefen als alle zusammen von denen die gestern gut liefen.

Tail-Zielgruppen oder -Produkte deutlich. Es gibt fast nichts, was nicht seinen Käufer findet.

Im Beschaffungsmarkt werden ähnliche Mechanismen erfolgreich angewendet. E-Procurement oder e-sourcing sind die bekanntesten Redewendungen in diesem Bereich. Weltweit werden dabei Güter und Dienstleistungen über geeignete technologische Plattformen (bspw. Internetmarktplätze[128]) gefunden und geordet. Die Preisfindung mittels Auktionen der unterschiedlichsten Art (englische, holländische, amerikanische, Vickrey, Calcutta etc.) hat sich dabei etabliert. Ohne die Eigenschaften des Internets wären derartige Auktionen nicht wirtschaftlich und in vertretbarer Zeit durchführbar.

Infrastruktur

Mit steigender Datenrate im Internet ist anzunehmen, dass bei digitalen Gütern der Kauf hinter der Mietversion der Geschäftsmodelle zurückbleibt. Video on Demand ist ein Beispiel dafür. Filme werden gegen eine Gebühr über den Internetanschluss angeschaut und müssen auf Seiten des Verbrauchers nicht gekauft, archiviert und verwaltet werden. Ähnliches gilt für Hörbücher, Zeitungen oder Spiele und vieles mehr aus dem privaten Bereich. Unterstützt wird dies durch den Trend, dass Endgeräte zur Visualisierung solcher Inhalte mobil und ständig leistungsfähiger werden. In der Entwicklung befindliche flexible Displays (Bildschirme) werden das großflächige Betrachten solcher Produkte mit mobilen Geräten ermöglichen. Zusammengerollt kann das große Display dann beispielsweise bequem in der Jackettasche transportiert werden. Das Betrachten digitalisierter Inhalte auf winzigen Bildschirmen von Mobilfunktelefonen oder PDA (personal digital assistant)[129], wie es derzeit noch propagiert wird, ist dann überholt.

Bei breitbandiger Funkverbindung wie es die 3G 3,5G oder 4G Funktechnik[130] ermöglicht, wird der Konsum solcher digi-

---

[128] Siehe Korz, 2003a
[129] *engl.*: persönlicher digitaler Assistent
[130] Zu diesen Technologien siehe Band 1

talen Produkte an jedem beliebigen Ort stattfinden. Mit einer entsprechenden Kamera ausgerüstet, kann man dann beispielsweise den Urlaubsfilm ‚live' in das Wohnzimmer der lieben Zuhausegebliebenen senden.

Auf weitere Möglichkeiten im P2P soll nicht hier sondern im Band 3 weiter eingegangen werden, weil diese von Privat zu Privat Transaktionen das eigentliche Wirtschaften im Internet nicht betreffen, es findet keine Wertschöpfung statt.

Ganz richtig ist das allerdings nicht, denn die Wertschöpfung geschieht durch den Infrastrukturbetreiber. Es ist deshalb durchaus in deren Sinn, möglichst viel ‚traffic', also Datenverkehr, in ihrem Netz zu generieren, durch welche Art von Daten auch immer. Netze amortisieren sich oft erst durch auf den ersten Blick kuriose Transaktionen. Beispielsweise werden mit dem Herunterladen von Klingeltönen für Mobilfunktelefone weltweite Umsätze von Milliarden $ getätigt.

Die Spiele-Industrie ist ein weiterer Faktor für die Auslastung der Netze. Elektronische Spiele (e-gaming) haben bereits zur Bildung regelrechter Subkulturen beigetragen und machen Milliarden Umsätze. Auf diesen Bereich wird im Band 3 dieser Reihe näher eingegangen.

An dieser Stelle soll nur festgehalten werden, dass die Netzinfrastruktur, sei es für den Transport oder der Kommunikation, ein (wenn nicht sogar das) ökonomische Modell ist, das die Zukunft bestimmen wird. Bei den IT-Netzen sind die Betreiber zweier Trägermedien bereits im erbitterten Wettbewerb, dies sind die Kabelnetzbetreiber und die Betreiber von Netzen auf Funkbasis.[131] Die Preise für die Infrastruktur wird die Zukunft der IT wesentlich bestimmen. Nur dort, wo sich eine breite Bevölkerungsschicht den Zugang leisten kann, wird die wirtschaftliche Entwicklung positiv sein, denn nach der Energie ist die IT einer der wesentlichen Faktoren[132] für die Entwicklung des Wohlstands in einer Volkswirtschaft.

---

[131] Zu Einzelheiten siehe Band 1
[132] Weitere sind definitiv: Bildung, weitgehend freier Wettbewerb, Innovation und viele ‚weiche' Faktoren menschlicher Tugend oder Verhaltensweisen.

Gefunden werden im world wide web (www)

Eine Herausforderung für die Internetwirtschaft ist es, im Internet gefunden zu werden. Die Kunden oder potentiellen Kunden müssen auf den Internetauftritt eines Unternehmens aufmerksam werden.

Das World Wide Web (www) bildet eine erdumspannende „Sphäre" (im Sloterdijkschen Sinn)[133], die technologisch einem gerichteten Graphen entspricht, d.h. die Verlinkung von Internetseiten führt zu einer Graphenstruktur (Topologie) des Netzwerks. Diesbezügliche Forschungen haben gezeigt, dass ein solches gerichtetes Netzwerk keineswegs homogen ist, sondern aus einem zentralen Kern, ‚Kontinenten', ‚Inseln' ‚Röhren' und ‚Ranken' besteht.

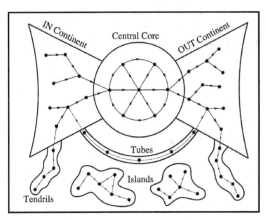

Quelle: Barabási, 2003

Abbildung 6: Topologie des World Wide Web (www)

Internetunternehmen haben sich dies zu Nutzen gemacht und bieten das Suchen im Internet als Service an. Bekannte Vertreter dieses Geschäftsmodells sind Google, Yahoo, MSN, etc.

Das Ertragsmodelle sind dabei beispielsweise Werbung in Abhängigkeit des Suchbegriffs, die Platzierung einer Internetseite an prominenter Position in der Ergebnisliste gegen

---

[133] Sloterdijk, 2005

© Robert Korz

Bezahlung oder Partnerprogramme, bei denen der Klick auf einen gefundenen Uniform Resource Locator'[134] (URL) vom Inhaber der URL bezahlt wird.

Selbst für ausgeklügelte Suchmaschinen (Suchroboter) ist es schwierig alle Internetseiten allein durch Verfolgen der verlinkten Seiten zu finden (Schätzungen sprechen von ca. 40% gefundener Seiten).

Es ist also durchaus sinnvoll den eigenen Internetauftritt bei Suchmaschinen anzumelden, um im Seitenindex der Suchmaschine aufgenommen und beim periodischen Indexieren berücksichtigt zu werden. Über die Anmeldung bei Suchmaschinen hinaus sind zusätzliche Maßnahmen erforderlich, um im Internet besser gefunden zu werden:

- Bekannte Firmen verwenden die Firma in der Internetadresse, bspw. für Firma xyz, *www.xyz.de*.
- Die Internetadresse wird auf Internetportale (themenbezogene Sammlung von Internetadressen) veröffentlicht.
- Die Internetadresse wird auf Produkte oder Assets (Fahrzeuge, Paletten, etc.) des Unternehmens aufgebracht.
- Marketingmedien enthalten die Internetadresse
- Geschäftsunterlagen und Briefbögen enthalten die URL

Für eine optimale Verbreitung der eigenen Internetadresse sollten alle Möglichkeiten ausgeschöpft werden.

Auf die verschiedenen „Tricks", um bei Kenntnis der Suchstrategie der Suchroboter in den Ergebnislisten eine vordere Stelle zu belegen, wird hier nicht eingegangen. Zumal die meisten Roboter diese Manipulationen mittlerweile erkennen und die Seiten nicht indizieren (oder aus dem Index herausstreichen, wie unlängst die Seiten des Autoherstellers BMW kurzzeitig aus der Liste von Google[135] gestrichen wurden).[136]

---

[134] *engl.*: gleichartige Ressourcen-Zeiger, Zeiger auf gleichartige Ressourcen.
[135] www.google.de
[136] Vergl.: http://www.golem.de/0602/43211.html (07.2006)

Unternehmen, die Internetsuchmaschinen betreiben, haben mittlerweile eine enorme Marktmacht im Internet. Aufgrund ihres enormen IT- und Infrastrukturbestandes drängen sie mit Erfolg in andere Geschäftsmodelle, die sich auf ihre Technologie stützen.

Wandel der Unternehmen in der Netzwerkökonomie

Die bisherigen Betrachtungen beschäftigten sich sowohl mit den Geschäftsmodellen auf einer eher praktischen Ebene als auch mit den am besten geeigneten Produkten in einer vernetzten Welt.

Man kann sich nun die Frage stellen, wie sich die veränderte Geschäftsumwelt auf die Unternehmen selbst auswirkt. Welche Veränderungen in der Art, der Organisation und des Miteinander bei den Unternehmen entstehen könnten. Diese Frage wird in der Literatur an verschiedenen Stellen angesprochen.[137] In allen Fällen wird aber deutlich, dass es schwierig ist, mit den tradierten Theorien (mit Ausnahme der *Transaktionskostentheorie* und der *Neuen Institutionentheorie*) der Frage gerecht zu werden.[138]

Zunächst wird auf einige strukturellen Herausforderungen der Unternehmen eingegangen, die sich aufgrund der Eigenschaften und Struktur der Netze ergeben.[139] Die folgende Abbildung zeigt einige Parameter der veränderten Strukturen, die diese Anforderungen bedingen. In vielen erfolgreichen Unternehmen der Netzwerkökonomik lassen sich die neuen Strukturen und Anforderungen empirisch belegen (Google, Amazon, eBay usw.).[140]

Neben diesem Wandel der internen Strukturen hat die Vernetzung einen großen Einfluss auf die Wertschöpfungsstruk-

---

[137] Siehe bspw. Fleisch 2001, Österle 2002 oder Veryard, 2001; www.users.globalnet.co.uk/~rxv/cbb ; www-1.ibm.com/services/de/index.wss/businesstopic/igs/a1007086

[138] Dies wird in einer Übergangsphase immer wieder versucht, mutet aber bisweilen kurios an.

[139] Zur Netzstrukturen siehe Band 1 dieser Reihe

[140] www.google.com ; www.sap.de ; www.ebay.com

tur. Der Grad der vernetzten Wertschöpfung wird sich signifikant ändern.[141]

Das gegenwärtig bekannteste Beispiel ist die *European Aeronautic Defence and Space Company* (EADS), das europäische Konsortium der Luft- und Raumfahrtindustrie, dessen Tochter Airbus Flugzeuge für die zivile Luftfahrt herstellt. Die Einzelelemente der Airbus-Flugzeuge werden an verschiedenen europäischen Standorten gefertigt und in Toulouse (Frankreich) komplettiert.

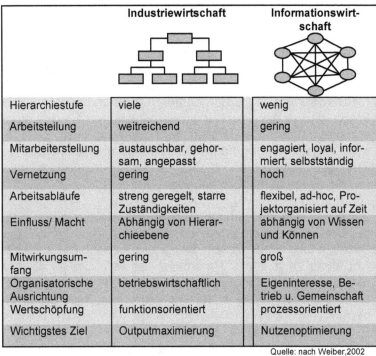

	Industriewirtschaft	Informationswirtschaft
Hierarchiestufe	viele	wenig
Arbeitsteilung	weitreichend	gering
Mitarbeiterstellung	austauschbar, gehorsam, angepasst	engagiert, loyal, informiert, selbstständig
Vernetzung	gering	hoch
Arbeitsabläufe	streng geregelt, starre Zuständigkeiten	flexibel, ad-hoc, Projektorganisiert auf Zeit
Einfluss/ Macht	Abhängig von Hierarchieebene	abhängig von Wissen und Können
Mitwirkungsumfang	gering	groß
Organisatorische Ausrichtung	betriebswirtschaftlich	Eigeninteresse, Betrieb u. Gemeinschaft
Wertschöpfung	funktionsorientiert	prozessorientiert
Wichtigstes Ziel	Outputmaximierung	Nutzenoptimierung

Quelle: nach Weiber,2002

Abbildung 7: Synopse der Unternehmensstrukturen in Industrie- und Informationswirtschaft

Obwohl in diesem Fall ein großer Teil der Strategie aus politischem Kalkül erwachsen ist, zeigt es dennoch die Durch-

---

[141] Siehe auch: Klotz, 2000

führbarkeit selbst bei voluminösen Wirtschaftsgütern. Dieser spezielle Fall zeigt aber auch, dass der politische Einfluss in einem Unternehmen und mangelnde Koordination zu erheblichen ‚Schieflagen' führen kann. Durch nationale Interessen und kulturelle Eigenheiten in der Unternehmensführung ist beispielsweise in der Fertigung des Großraumflugzeugs A380 bereits einiger Schaden entstanden (Stand 2006).

In der Automobilindustrie, der Bekleidungsindustrie, der Softwareindustrie und vielen anderen Bereiche – insbesondere im Dienstleistungsbereich – wird beispielsweise derartig vernetzte Wertschöpfung aus rein wirtschaftlichen Überlegungen praktiziert und erfolgreich weiter vorangetrieben. Die Grenzen der Unternehmen werden zunehmend verwischt. Es entstehen Unternehmensformen, die man heute noch mit „virtuellen Unternehmen" bezeichnet. Dies sind Kooperationsmodelle, die an keinen geografischen Ort gebunden sind und weit mehr auf Vertraue statt auf Vertragsbindung basiert, als dies bei traditionellen Unternehmen des Industriezeitalters der Fall ist. Ein weiters Merkmal ist die zeitlichen Begrenztheit in der Zusammenarbeit. Unternehmungen werden gemeinsam durchgeführt um sich letztlich wieder zu trennen und neuen Aufgaben zuzuwenden. Es ist also ein Höchstmaß an Flexibilität erforderliche. Einher geht dies mit einem hohen Maß an Spezialisierung solcher vernetzten Wertschöpfungselemente. Der „Markt" für derartige Wertschöpfungselemente sucht immer den besten Partner. Der Zwang nicht nur regional sondern weltweit der Beste zu sein, bringt den Trend zur Konzentration auf wenige Kernkompetenzen mit sich. Ja, es ist zu erwarten, dass in vielen Wirtschaftsbereichen ein ständig wachsendes Netzwerk von Individuen – meist hochqualifizierter Experten – entsteht, in dessen Rahmen sich zeitlich begrenzte Cluster bilden, die eine wirtschaftliche Aufgabe lösen (e-lance-economy)[142]. Die IT-Technologien sorgen dabei für die nötige Leistungsfähigkeit und Effizienz. Dieser Trend der dynamischen Wertschöp-

---

[142] „Netzwerk von elektronisch verbundenen Freelancern [freie Mitarbeiter] als Rückrat einer neuen Wirtschafts- und Arbeitsweise" (Klotz, 2000). Der Begriff wurde von Tom Malone am MIT geprägt.

fungsketten ist bereits zu beobachten, wenn auch noch nicht im gesamten Bereich der Wirtschaft als dominante Unternehmensstruktur. Der Trend zur flexiblen vernetzten Struktur von kleinen Wirtschaftseinheiten kann von den großen hierarchischen Unternehmen aufgenommen werden, wenn sie es schaffen, kleine, flexible und schnelle Unternehmenseinheiten zu bilden, die über leistungsfähige Intranets kommunizieren. Wie ein ehemaliger Vorstandvorsitzender eines weltweiten Unternehmens es ausdrückte:"... eine Flotte von Schnellboten zu sein und kein unbeweglicher Großtanker ...".[143] Solcherart Disaggregation ist im steigenden Maß in den traditionell vertikal organisierten Unternehmen zu erwarten, um ausreichende Flexibilität zu erreichen. Nicht zuletzt vor diesem Hintergrund wird in Zukunft die *Produkt-Marke* als Vertrauen förderndes Qualitätsmerkmal im Vordergrund stehen und weniger das Unternehmen. Denn welches Unternehmen hinter einem Produkt steht wird immer schwieriger zu vermitteln sein. Ein Unternehmen als Synonym für ein Produkt, wie Hoover im angelsächsischen Sprachraum als Synonym für Staubsauger, wird sich kaum noch entwickeln (eine Ausnahme der heutigen Zeit ist die Internetsuchmaschine Google, denn das Verb *googeln* steht bereits im Duden, allerdings einschränkend für die Suche mit Google[144]). Die Meldung des europäischen Harmonisierungsamtes für den Binnenmarkt (HABM)[145] in Alicante, dass die Anmeldung von Marken und Geschmacksmuster zugenommen habe, bestätigen diesen Trend.[146]

Viele Unternehmen erleben gegenwärtig die unvermeidliche Transformation in das Informationszeitalter mit prozessorientierte Umorganisation, was leider mit Streichungen einer größeren Zahl von Arbeitsplätzen (meist in den nicht wert-

---

[143] Wirtschaftswoche Nr.34, 08.2006, S.60

[144] goo|geln <sw. V.; hat> [zu: Google® = Name einer Suchmaschine]: Internetrecherchen mithilfe der Suchmaschine Google ... (09.2006, www.duden.de)

[145] http://oami.europa.eu/de/

[146] „In Alicante sollen die Preise für den Markenschutz purzeln", Frankfurter Allgemeine Zeitung, Nr. 302, Fr. 29. Dez. 2006, S. 12; http://oami.europa.eu/de/fees.htm

schöpfenden Bereichen wie bspw. Verwaltungsbereiche und Stellen mit geringer Qualifikation) einhergeht.

Durch die Vernetzung werden aber auch neue Möglichkeiten geschaffen. Die Forschungs- und Entwicklungsaktivitäten (F&E) können beispielsweise weltweit koordiniert werden. Was ‚Global Player' schon seit geraumer Zeit praktizieren, nämlich F&E weltumspannend zu einer 24-Stunden-Aktivität und damit tageszeitunabhängig zu machen (der Sonne folgen), ist mittels des Internets auch für kleinere Unternehmen möglich.

Netzwerkeffekte

Auf das Wirtschaftsleben übertragene Theorien wie die *Netzwerktheorie*, die *Koordinationstheorie* und die *Spieltheorie*[147] können die Auswirkungen der vernetzten IT auf die Unternehmen besser beschreiben als einige tradierte Theorien. Aus den erwähnten Ansätzen wurde die *Netzwerkökonomik* entwickelt, mit der sich konkrete Handlungsanweisungen und Gestaltungsmodelle ableiten lassen. Die Netzwerkökonomik will ökonomische Gesetzmäßigkeiten – oder besser: Wirkungsprinzipien – finden, die sich aufgrund der Eigenschaften der Netze ergeben. Gemeinhin werden diese Prinzipien mit Netzeffekte bezeichnet. Ergänzend muss angemerkt werden, dass ‚Netzwerkökonomik' noch kein ausgereiftes Wissenschaftssubjekt ist, aber kontinuierlich weiterentwickelt wird. Die anfängliche Tendenz den Anspruch eines eigenen Forschungszweiges der Wirtschaftswissenschaften zu sein, hat sie mittlerweile berechtigterweise verloren. Sie ist in die allgemeinen Wirtschaftswissenschaften integriert.

In den neueren Wirtschaftstheorien haben sich zwei Schwerpunkte herausgebildet. Einer der Schwerpunkte ist *computational economics*, in dieser rechnergestützten Disziplin wird Mathematik und Computertechnologie mit ökonomischen Fragen verbunden. Spezielle Themen sind etwa: agentenbasiert Computermodelle, Ökonometrie und Statistik, Elektronische Märkte (Internetmärkte), dynamische makroökonomische Modelle, etc.

---

[147] Siehe kurze Einführung im Anhang

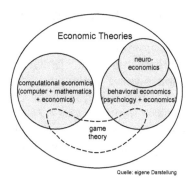

Quelle: eigene Darstellung

Abbildung 8: Neue Forschungsschwerpunkte in der Ökonomie

Der andere Schwerpunkt *behavioral economics*[148] (Verhaltensökonomie) ist der experimentellen Ökonomie zu zurechnen. Er verbindet die Psychologie mit der Ökonomie. Ausgangspunkt war die Feststellung der „boundet rationality"[149], also das nicht immer rationale Handeln der Wirtschaftssubjekte (auf das sich ältere Theorien gestützt haben). Beide Forschungsschwerpunkte binden die Spieltheorie ein; sie sind so zu sagen über die Spieltheorie verbunden.

Die Fortsetzung der behavioral economics ist die *neuroeconomics*.[150] Darin werden die Gehirnfunktionen als Grundlage der ökonomischen Entscheidungen erforscht. Der Trend in der Forschung geht damit vom tradierten Konzept des *homo oeconomicus* der in jeder Situation rationaler Entscheider und Nutzenmaximierer ist, zu Modellen, die das „reale" Verhalten der Menschen einbeziehen.

Die aufgezeigten Forschungsgebiete decken weite Teile der Netzwerkökonomie ab.

Im Folgenden werden die Netzeffekte kurz erläutert und aus praktischer Sicht eingeordnet. Die wichtigsten Prinzipien der Netzwerkökonomik werden kurz angerissen, um eine Vorstellung von dieser Disziplin zu erhalten.

---

[148]Siehe bspw.: www.sfb504.uni-mannheim.de (03.2007). Im englischen Sprachraum oft gleichgesetzt mit *behavioral finance*

[149] *engl.*: begrenzte Rationalität

[150] Siehe bspw.: http://www.neuroeconomics.de/ (03.2007)

An dieser Stelle muss eine Differenzierung der so genannten „brick&mortar"[151] Unternehmen und den Unternehmen die vollständig auf einem Internet-Geschäftmodell basieren, eingeschoben werden. Ersteres benutzt die Netze als Werkzeug und ‚verlängerten Arm' eines konventionellen Geschäftsmodells, während bei letzteren das Geschäftsmodell vollständig auf die Netze gestützt ist. Diese reinen Internet-Unternehmen sind im Vergleich zu den brick&mortar Unternehmen zusätzlichen Netzeffekten ausgesetzt.

Traditionelle Unternehmen im Netz

Die traditionellen oder brick&mortar Unternehmen nutzen die Netze in der Regel, um ihre vorhandenen Geschäftsmodelle auf diese abzubilden. Ziel ist die Effizienzsteigerung und bessere Kunden- und Lieferantenbindung. Die Netze schaffen Möglichkeiten, die ohne sie nur mit hohem Aufwand oder gar nicht durchführbar waren. Als Beispiel wurde hierzu weiter oben bereits das weltweite ‚sourcing' und die Auktionen genannt.

Netzwerkunternehmen

Als Netzwerkunternehmen werden solche Unternehmen bezeichnet, deren Geschäftsmodell sich ausschließlich auf Kommunikationsnetze stützen. Dazu zählen beispielsweise Telekommunikationsunternehmen, Netzstrukturanbieter, Anbieter digitaler Inhalte, Versender mit dem Internet als einzigem Absatzkanal usw.. Es handelt sich also um eine breite Palette an Unternehmen mit jeweils eigenen geschäftsmodellabhängigen Herausforderungen.

---

[151] brick: *engl.*: Ziegelstein, Backstein; mortar: *engl.*: Mörtel. Hier als Merkmal eines herkömmlichen Unternehmens, dessen Geschäftsmodell sich nicht an einem reinen Internetmodell orientiert. Es agiert – bildlich – in einem realen Steinhaus.

Indirekte Netzeffekte

Wenn beispielsweise durch *zunehmende Verbreitung* eines Gutes

- sich Standards herausbilden, die Massenproduktion begünstigen und zu Qualitätsverbesserung und Kostenreduktion führen.
- das Servicenetz verbessert wird (Ersatzteile, Wartung, Reparatur)
- die Substituierbarkeit zwischen komplementären Produkten erhöht wird

bezeichnet man dies als *indirekte Netzeffekte*. Sie werden im Wirtschaftsgeschehen als allgemeingültig und überall vertreten angesehen.

Bei indirekten Netzeffekten steigt der Nutzen eines Gutes folglich durch den hohen Verbreitungsgrad und den daraus entstehenden begleitenden günstigen Marktkonditionen.

Direkte Netzeffekte

Wenn der Nutzen eines Gutes unmittelbar dadurch steigt, dass andere Personen das gleiche Gut verwenden, spricht man von *direkten Netzeffekten*. Am Beispiel der Telekommunikationsnetze kann dies einfach gezeigt werden. Der Besitz eines Telefons, wenn sonst niemand ein Telefon hat, ist beispielsweise als Telekommunikationsgerät von sehr geringem Nutzen. Hat eine zweite Person ebenfalls ein Telefon, steigt der Nutzen eines Telefons. Es kann leicht nachvollzogen werden, dass der Nutzen bei steigender Zahl an Telefonbesitzern ständig weiter steigt. Gleiche Beobachtungen können mit Telefaxgeräten, mit e-mail, Mobiltelefonen und vielen anderen Gütern gemacht werden. Diese *positiven Externalitäten* sind *positive Rückkopplungen* aufgrund der Vernetzung. Es sind also bestimmte Güter, bei denen solche Erscheinungen registriert werden. Eine Differenzierung von Gütern nach ihrem Nutzentyp macht dies deutlicher.

Singulärgüter haben ausschließlich *originären Nutzen*. Dies ist etwa ein Bügeleisen oder ein Kühlschrank.

Netzeffektgüter haben originären und *derivativen Nutzen*. Ein PC etwa hat einen originären Nutzen, aber auch einen derivativen Nutzen, wenn anderen auch über einen PC verfügen. *Systemgüter* haben ausschließlich derivativen Nutzen. Das Beispiel des Telefons zeigt, dass kein originärer Nutzen vorliegt (es sei denn als Dekorationsstück), es besteht jedoch ein derivativer Nutzen, dann nämlich, wenn andere ebenfalls ein Telefon besitzen.

Der Wert eines Netzwerks

Systemtechnologien (in diesem Sinn ist ein Telefon auch eine Systemtechnologie) und Standards (virtuelle Netze)[152] unterliegen gleichen Gesetzen. Der Aufbau einer Systemtechnologie, wie beispielsweise eines Telefonnetzes, ohne Teilnehmer ist wenig wert. Genauso ist die Verbreitung eines technischen oder sonstigen Standards nur dann wirklich wertvoll, wenn möglichst viele Teilnehmer den Standard nutzen. Robert Metcalfe[153] hat dies in der folgenden Gesetzmäßigkeit für Kommunikationsnetze zusammengefasst:

$$NW = N\,(N-1)/2 = (N^2 - N)/2$$

mit: NW = Wert des Netzwerks
N = Zahl der angeschlossenen Teilnehmer

Dieses *Metcalfe-Gesetz* legt also die mögliche Anzahl der Zweierverbindungen zugrunde. Bei großen Netzen überwiegt der Term: $NW = N^2$
Der Nutzen wächst also mit dem Quadrat der Teilnehmerzahl.
Reed[154] postuliert in seinem *Reedschen Gesetz*, dass der Nutzen sehr großer Netzwerke expotentiell steigt:
$$NW = 2^N$$

---

[152] Einige Autoren bezeichnen kompatible Güter, die auf gemeinsame technische Plattformen oder Standards basieren mit ‚virtuelle Netzwerke'
[153] Robert Metcalfe gilt als der Erfinder der Ethernet-Computer-Netzwerktechnologie.
[154] David P. Reed, Internetpionier: http://www.reed.com/Papers/GFN/reedslaw.html

Der Grund liegt in der Bildung und/oder Verbindung von Subnetzen oder vernetzte Strukturen aufgrund neuer Angebote oder Möglichkeiten wie beispielsweise newsgroups oder auch nutzergenerierte Internetseiten mit speziellen Inhalten (Tauschbörsen, blogs, etc.). Das Reedsche-Gesetz gilt im Übrigen auch für soziale Netze.

Reed sieht den Wert eines Netzes über die Wachstumsphasen in Bereiche unterteilt, die den Nutzen im Verhältnis des Mitgliederanstiegs und den wesentlichen Treibern dazu wiedergibt.

Am Beispiel des Internet ist dies in der Abbildung dargestellt.

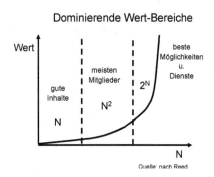

In der ersten Phase werden attraktive Inhalte geboten; der Wert steigt linear mit der Nutzerzahl. Die zweite Phase ermöglicht zusätzlich Kommunikation wie e-mail; der Wert steigt quadratisch mit der Entwicklung der Nutzer. Durch neue technische Möglichkeiten, die Subnetz bzw. Gruppenbildung (news groups, blogs, wikis, etc) ermöglichen, steigt der Wert schließlich expotentiell mit der Nutzerzahl.

Kritische Masse bei direkten Netzeffekten

Die bisherigen Ausführungen lassen erahnen, dass die Entwicklung oder Diffusion eines Netzwerks keinesfalls zwangsläufig ist. Es ist jedoch von hoher Relevanz, dass ein Netzwerk aus möglichst vielen Teilnehmern besteht, denn das erhöht den Wert eines Netzwerks beispielsweise bei Systemgütern oder sichert die Diffusion eines neuen Standards.

Empirische Untersuchungen wachsender Netzwerke haben gezeigt, dass keineswegs ein lineares Wachstum die Regel ist. Vielmehr ist ab einer bestimmten Größe des Netzes (Teilnehmerzahl) ein explosionsartiges Wachstum zu beobachten, das später in eine gewisse Sättigung mündet.

Die Sättigungsphase ist durch weniger starkes Wachstum gekennzeichnet. Der Punkt, an dem das sehr starke Wachstum einsetzt wird mit *kritischer Masse* bezeichnet. Bis zu diesem Punkt ist das Wachstum des Netzes instabil. Es kann wieder zurückfallen, oder auf einem niedrigen Niveau verharren.

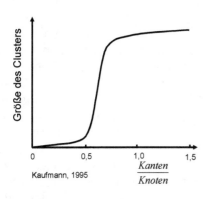

Kaufmann, 1995

Aus der biologischen Komplexitätstheorie ist dieser Effekt bekannt und beruht auf folgenden Gesetzmäßigkeiten:

Wenn das Verhältnis von Kanten zu Knoten des Netzwerks (Zufalls-Graphen) den Wert 0,5 erreicht entsteht zunächst ein langsam steigendes Wachstum, dem ein explosionsartiges Wachstum folgt und letztlich in eine Sättigungsphase mündet.[155] Die Beobachtung des explosionsartigen Wachstums (S-Kurve) konnte auch in Kommunikationsnetzen bzw. Technologienetzen gemacht werden. Der Einsatzpunkt, also die kritische Masse, ist jedoch sehr schwierig zu bestimmen. Die Übertragung der vorgenannten Erscheinung der Komplexitätstheorie in das Internet ist schlecht möglich, da das Verhältnis von Kanten zu Knoten kaum direkt messbar ist. Forschungsarbeiten zur kritischen Masse in solchen Netzen liegen kaum vor. So behilft man sich für die ex-ante Analyse mit Daumenregeln wie: 10 % der potentiellen Knoten (Teilnehmer, Kunden) ist die kritische Masse, oder man greift auf Modelle aus der preisorientierten Gleichgewichtstheorie zur Bestimmung der kritischen Masse zurück. Alle diese Regeln sind aber unbestimmt und für die Praxis kaum brauchbar, denn im wirtschaftlichen Geschehen sind viele Faktoren zu berücksichtigen. Eine monokausale Erklärung ist für die praktische Anwendung wenig geeignet. Als bisher einigermaßen zuverlässig haben sich dynamische Wahrscheinlich-

---

[155] Vgl. Kauffman,1995,S.57

keitsmodelle erwiesen, bei denen die Entwicklung über die Zeit in Abhängigkeit von Einflussfaktoren ermittelt wird (bspw. Split-Hazard-Modell).[156]

Ein empirisches Beispiel zur S-Kurve aus der Internetökonomie ist die Entwicklung des Internetunternehmens eBay (siehe Abbildung). Grundvoraussetzung für das Wachstum ist in jedem Fall, dass keine *diffusionshindernde Faktoren* vorhanden sind wie: ungenügend großer Markt (potentielle Teilnehmer), keine Staupunkte (congestion points) auftreten und einige mehr. Das ‚world wide web' (www) hatte nicht ohne Grund eine Zeit lang die scherzhafte Akronym-Auslegung world wide wait. Durch häufige Netzüberlastung waren die Antwortzeiten teilweise sehr lang. Mit der massiven Einführung des Breitband-Netzes ist dies jedoch weitgehend beseitigt.

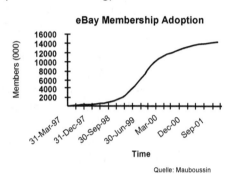

Quelle: Mauboussin

Congestion points können auch Produktionsengpässe etc. sein. Congestion points sollten immer über der potentiellen Marktgröße liegen.

Diffusionsfördernd sind Erwartungshaltungen wie beispielsweise der bekannten *Bandwagon-Effect*[157] oder Erwartungen über zukünftig günstige Preise. Erwartungen implizieren immer auch das Henne-Ei-Paradoxon. Wachstum entsteht, wenn Erwartungen geweckt werden, Erwartungen werden geweckt, wenn Wachstum sichtbar wird. Zur Milderung der Unwägbarkeiten aufgrund von Erwartungen wird oft die *follow the free* Strategie eingesetzt. Mit kostenfreien Einführungsprodukten wird die Akzeptanz des Hauptprodukts ge-

---

[156] Vgl. Albers, 2001
[157] Siehe Glossar

fördert und so profitabel wie möglich verkauft. Das beliebteste Beispiel ist das des Öl-Magnaten Rockefeller, der Öllampen verschenkte und mit Öl sehr viel Geld einnahm.

Die Unsicherheiten bei der Diffusion und Adaption von Netzen, hat vor dem Platzen der Internetblase (2001) dazu geführt, dass viele Internet-Unternehmen das Wachstum um jeden Preis betrieben, um eine kritische Masse zu erreichen, jedoch unter sträflicher Vernachlässigung fundamentaler ökonomischen Regeln. Letztlich war dies ihr Todesstoß und damit mitverantwortlich für das Platzen der Blase.

Path Dependence und Lock-In

Pfadabhängigkeit (path depedence) bedeutet, dass eine „Vorgeschichte" vom Ausgangszustand zu einem Folgezustand geführt hat. In der Chaostheorie kann eine kleine Änderung der Ausgangssituation zu einer vollständig anderen Entwicklung führen. In der Stochastik kann eine Verteilungsfunktion in Zeitpunkt t+1 von der Verteilung in t abhängig sein. Den Begriff der Pfadabhängigkeit wird in vielen Wissenschaftsbereichen – wenn auch in etwas unterschiedlicher Bedeutung – verwendet. Der Grundlegende Gedanke ist aber in jedem Fall die Bedeutung der „Vorgeschichte"

In der Ökonomie ist die Feststellung: „wir haben in der letzten Periode an dieser und jener Stelle investiert, deshalb ist unser Unternehmenswert auf dem gegenwärtigen Stand" ein andrer Ausdruck von:„ der Unternehmenswert ist pfadabhängig". Auch eine Technologie ist pfadabhängig. Wenn eine bestimmte Technologie verwendet werden soll, muss in Geräte, Maschinen, Schulung der Mitarbeiter u. s. w. investiert werden. Die Investitionen in der Periode t bestimmen dann die Anwendung der Technologie in Periode t+1. Fatal wäre es nun, wenn in t+1 festgestellt würde, dass man auf eine Technologie gesetzt hat, die für die eigenen Zwecke schlecht geeignet oder gänzlich ungeeignet ist. Der Wechsel zu einer anderen Technologie wäre mit hohen Wechselkosten (switching costs) verbunden. Diese Situation wird mit „lock-in"[158] bezeichnet.

---

[158] *engl.*: techn.: Ausschaltsperre, Klemmring, hier: festlegen, festschreiben;

Lock-In ist für denjenigen, der beispielsweise einen Standard durchsetzen will, eine willkommene Situation und durchaus unterstützend für das Erreichen der kritische Masse, denn den bisherigen Anwendern des Standards wird durch lock-in der Ausstieg oder Umstieg auf einen anderen Standard erschwert. Bei konkurrierenden Standards kann lock-in die Motivation für bestimmte Vermarktungsstrategien sein. Die Wechselkosten können einen Hebel der Strategie bilden. Den Anwendern können durch subventionierte Angebote (Geräte, Software, Schulung, etc.) und/oder niedrige Produktpreise die Wechselkosten gesenkt oder vollständig erlassen werden. Lock-In beim Wettbewerber wird dadurch gesprengt. Der potentielle Anwender kann den Standard wechseln. Die Kunst besteht nun darin, das eigene lock-in gleichzeitig hoch zu halten, um eventuellem „Weiterspringen" (hopping) des Anwenders zum nächsten Anbieter zu verhindern. Mit dem Aufbau möglichst hoher Wechselkosten ist das nicht immer zu erreichen; absolute Kundenorientierung ist die unausweichliche Strategie, um den Kunden an sich zu binden. Die komfortabelste Situation aus Sicht eines Unternehmens ist natürlich, ein Monopol zu haben. Es wundert also nicht, wenn dies in erster Linie angestrebt wird.

Bei einem ausreichend großen Markt und entsprechenden Gewinnaussichten, kann es aufgrund der beschriebenen Effekte zu herben Wettbewerbsbedingungen kommen. Die Telekommunikationsbranche zeigt die Härte eines solchen Marktes für die Anbieter aber auch die Vorteile für den Anwender.

Monopole in der Netzwerkökonomie

Die Netzwerkeffekte und die dargestellte Kostenstruktur in der Netzwerkökonomie führen oft zu einer Monopolstellung von Unternehmen, die einen marktdominierenden Standard oder die Infrastruktur eines Netzwerks besitzen.

Bei den hier interessierenden Netzen ist es hilfreich mindestens zwei unterschiedliche Ebenen der Netze zu betrachten: die Infrastrukturebene und die Dienst-Ebene (oder Aktivitäten-Ebene). Einige Autoren unterscheiden weitere Ebenen, diese sind jedoch im vorliegenden Kontext nicht von Belang.

Bei Monopolen in Infrastrukturen, die nicht ohne weiteres dupliziert werden können wie Schienen-, Straßen-, Versorgungs-, und Entsorgungs- und Energienetze oder Festnetze (Kabelnetze) für die Telekommunikation kann dies problematisch sein. Bei Funknetzen, die zwar hohe Fixkosten verursachen, aber relativ einfach installiert werden können, ist dies weniger beunruhigend.

„[I]t is not illegal to have a monopoly, only to monopolize"[159]
Shapiro/Varian, Information Rules, S. 301

> *„Mit dem Gemeinsamen Markt unvereinbar und verboten ist die missbräuchliche Ausnutzung einer beherrschenden Stellung [...] durch ein oder mehrere Unternehmen,...*
> *...soweit dies dazu führen kann, den Handel zwischen Mitgliedstaaten zu beeinträchtigen"*
> EG-Vertrag, §82

Die gezeigten Zitate machen deutlich, dass nicht das Problem ist, das Monopol zu haben, sondern es zu missbrauchen. Monopole können auf beiden Seiten des Marktes, beim Anbieter (*Anbietermonopol*) und beim Nachfrager (*Nachfragermonopol*) entstehen. Auf alle Arten von Monopolen soll hier nicht weiter eingegangen werden, lediglich die Entstehung von Monopolen auf der Anbieterseite wird in Erinnerung gerufen und zwei Monopolarten, die in der Netzwerkökonomie Bedeutung haben, werden kurz erläutert.

- *Monopol durch Gesetz*: dies sind Monopole von Staatsbetrieben (Beispiel: Briefmonopol). Diese Monopole sind in den postindustriellen Staaten wegen ihrer x-Ineffizienz[160] zunehmend rückläufig. Wohlfahrtstheoretisch sind solche Monopole unergiebig.
- *Monopole durch Vertrag* (beispielsweise *Kartelle*) Diese Monopole schalten durch vertragliche Bindung den

---

[159] Es ist nicht illegal ein Monopol zu haben, es ist aber illegal zu monopolisieren [missbräuchlich Nutzen].
[160] Siehe Glossar

Wettbewerb aus. Sie sind in den meisten Ländern illegal.[161]

- *Natürliches Monopol*:

Der in Abbildung 5 gezeigte Verlauf des Grenzertrags deutet auf eine weitere Eigenschaft in der Netzwerkökonomie hin: die fallende Durchschnittskosten (= Stückkosten). Dies bedeutet, bei steigenden Fixkosten fallen die Grenzkosten und damit die Stückkosten. In Wirtschaftszweigen mit diesen Eigenschaften entstehen leicht *natürliche Monopole*. Unterstützt wird dies durch das schnelle Wachstum eines Unternehmens, wenn die kritische Masse überschritten wird.

„An industry is a natural monopoly when a single firm can supply a good [...] at a lower cost than could two or more firms. A natural Monopoly arises when there are economies of scale [...] " N. Gregory Mankiw, Principles of Economics, third ed., S. 316

Ein natürliches Monopol zeichnet sich also dadurch aus, dass ein einzelnes Unternehmen (der Monopolist) ein Produkt zu niedrigen Kosten herstellen kann als alle anderen Unternehmen zusammen. Die Kosten des Monopolisten sind *subadditiv* über den gesamten Bereich der Ausbringung (produzierte Menge):

$$C(\sum_{i=1}^{k} Y^i) \;=\; C(Y) \;\leq\; \sum_{i=1}^{k} C(Y^i)$$

C = costs (Kosten)
Y = yield (Ausbringung, produzierte Menge)
k = Anzahl Unternehmen im Markt ohne den Monopolisten

Die Produktion des Gutes Y in k separaten Unternehmen (Produktionsstätten) verursacht höhere Kosten als die Bündelung der Gesamten Produktion in einem Unternehmen.

Bei steigenden Skalenerträgen, wie sie in der Netzwerkökonomie häufig vorkommen (Abb.5), fallen nicht nur die Grenzkosten, sondern auch die Stückkosten[162] und die-

---

[161] In Deutschland: Gesetzes gegen Wettbewerbsbeschränkungen (GWB)
[162] Nur bei Einproduktunternehmen folgt aus steigenden Skalenerträgen die Subadditivität. Bei Mehrproduktunternehmen muss die Monopoleigenschaft

se sind die langfristige Untergrenze für die Preise, die erzielt werden müssen, damit die Unternehmung langfristig überlebt.[163] Man kann sich leicht vorstellen, dass ein Monopolist mit einem natürlichen Monopol andere Unternehmen aus dem Markt drängen kann, wenn er seine Produkte mit der Preisuntergrenze vermarktet. In diesem Fall kann der Monopolist den Markt zu günstigeren Bedingungen versorgen als viele kleinere Unternehmen. Der Nachfrager der Produkte profitiert von dieser Situation (wohlfahrtsmaximales Verhalten des Monopolisten). Dieser Vorteil für die Konsumenten kann aber zeitlich begrenzt sein, nämlich dann, wenn die kleineren Wettbewerber aus dem Markt gedrängt sind und der Monopolist die Preise wieder frei gestalten kann. Die öffentliche Bekanntgabe eines Monopolisten alle kleineren Wettbewerber zu unterbieten, ist also nichts weiter, als ein öffentliches Bekenntnis ein natürliches Monopol auszuschöpfen.[164]

Hat ein Wettbewerber eine bessere Technologie, die zu niedrigeren Durchschnittskosten führt, kann er jedoch in den Markt eintreten und den derzeitigen Marktführer in Bedrängnis bringen (angreifbares Monopol). Der Monopolist wird auch dann angreifbar, wenn er sich nicht wettbewerbsgerecht verhält und beispielsweise ineffizient wirtschaftet.

Details zum natürlichen Monopol siehe Anlage.

- Ein *Quasimonopol* entsteht in der Informationstechnik häufig durch technische Standards und speziell in der Netzwerkökonomie durch das rasche Wachstum aufgrund der kritischen Masse. Es ist kein echtes Monopol, aber aufgrund von Wettbewerbsvorteilen sind die Auswirkungen wie bei einem echten Monopol.

---

durch die Subadditivität hergeleitet werden und nicht durch die Skalenerträge.

[163] Kurzfristige Preisuntergrenze können die variablen Kosten sein.

[164]

www.handelsblatt.com/news/Default.aspx?_p=200038&_t=ft&_b=1219198 (03.2007)

Das Unternehmen „Microsoft" hat (derzeit) beispielsweise ein Quasimonopol mit der Bürosoftware „Office" und mit dem Betriebssystem „Windows". Für Wettbewerber ist es sehr schwierig, die proprietären Standards des Unternehmens zu umgehen und einen nennenswerten Marktanteil zu erobern.

Das Unternehmen „Google" hat aufgrund des guten Suchalgorithmuses seines Internetsuchprogramms und der dadurch überschrittenen kritischen Masse ein Quasimonopol bei Internetsuchmaschinen. Selbst die politisch motivierte Anstrengung Frankreichs und Deutschland mit dem Projekt „Quaero" dieses Quasimonopol zu brechen, war bisher erfolglos. Die beiden Partnerländer haben sich in diesem Projekt getrennt und Deutschland versucht einen eigenen Weg mit „Theseus".[165] Frankreich hat sich dem aus dem ursprünglichen Projekt entstandenen „Exalead", das mittlerweile auch in Deutsch verfügbar ist,[166] zugewandt.

Es wird deutlich, dass der Markt (Wettbewerb) aufgrund von Monopolen entweder absichtlich ausgeschaltet wird (Monopol durch Gesetz) oder nicht wie gewünscht funktioniert. Dieses führt dazu, dass Regulierungsmaßnahmen gefordert werden, insbesondere bei Leistungen des öffentlichen Interesses (Grundversorgung der Bevölkerung, soziale Aspekte). Regulative Eingriffe sind keineswegs unbestritten und können in ihrer ganzen Breite hier nicht dargestellt werden. In den letzten Dekaden ist eine große Zahl an Literatur über dieses Thema entstanden, die zur weiteren Vertiefung herangezogen werden kann. Im Folgenden nur einige Aspekte.

Es sind zwei grundsätzliche Lösungen bei ungewollter Marktentwicklung möglich:
Eigentum und Betrieb (z.B. der Infrastruktur) bzw. Produktion der Leistung in *staatlichen Unternehmen*. Diese Lösung ist – wie oben schon angedeutet – x-ineffizient und geht in mo-

---

[165] http://www.tagesschau.de/aktuell/meldungen/0,,OID6221082_,00.html (01.2007)
[166] www.exalead.de

dernen postindustriellen Demokratien ständig zurück oder existiert nicht mehr. Sie können gestaltet sein als:

a) Unternehmen öffentlichen Rechts (Beispiele aus Deutschland)
- Regiebetriebe (Bruttobetriebe)
- Eigenbetriebe (Nettobetriebe)
- Sondervermögen in unmittelbarer Verwaltung des Staates (früher: Bahn)
- Sondervermögen mit eigener Verwaltung (früher: Post).

b) Unternehmen privaten Rechts mit öffentlicher Mehrheitsbeteiligung (GmbH, AG, Genossenschaft), auch als ppp (public privat partnership) angelegt.

Die zweite Möglichkeit ist die *Regulierung* privater Marktteilnehmer durch staatliche Behörden. Hier gibt es zwei Erklärungsansätze:

Der Staat reagiert auf Funktionsdefizite (*normativer Ansatz*) dem gegenüber steht die „*Capture-Theorie*", die den regulativen Rahmen als Ergebnis eines ‚Marktes für Regulierung' versteht. Sie geht davon aus, dass es in vielen Fällen schwierig ist, eindeutig ein öffentliches Interesse festzustellen, das durch den regulatorischen Rahmen sichergestellt werden kann. Sie weist auch darauf hin, dass der Staat ebenfalls versagen kann und gelegentlich auch versagt. Die Capture-Theorie geht weiter davon aus, dass die Marktteilnehmer ein Interesse an Regulierungen haben, also eine Nachfrage nach Regulierung besteht. Die Nachfrager versuchen dabei meist die Regulierungsbedingungen in ihrem Sinne zu gestalten, die Regulierungsbehörden werden mit der Zeit von den Regulierten dominiert (captured[167]). Die Capture-Theorie geht auf Stigler[168] zurück. Die ursprüngliche Theorie wurde weiterentwickelt zur „*Economic Theory of Regulation*" und in der letzten Dekade zur „*Special Interest Theory*", die u. a. vorschlägt, Mitarbeitern einer Regulierungsbehörde nach deren Ausscheiden nicht in solche priva-

---

[167] *engl.*: Gefangennahme, Kapern. Hier: die Regulierungsbedingungen für die eigene Strategie einzusetzen. Die staatlichen Regulierer quasi zu kapern.

[168] Stiegler, 1971

te Unternehmen zu integrieren, die sie reguliert haben. Dadurch werden während ihrer Zeit als Regulierer Anreize zu Handlungen vermieden, die auf zukünftige Profite gerichtet sind.[169]

Gelegentlich wird noch wirtschaftliche Regulierung (*economic regulation*) und soziale Regulierung (*social regulation*) differenziert. Im ersten Fall werden Märkte reguliert, auf denen der Wettbewerb nicht funktioniert, im zweiten Fall wird durch Regulierung sichergestellt, dass die Bevölkerung bestimmte Produkte und Leistungen zu erschwinglichen Preisen erwerben kann. Letzteres läuft auf staatliche Subventionierung heraus, die sich nicht als wirklich hilfreich gezeigt hat.

Der Markteingriff (Regulieren, Intervenieren) des Staates kann folgende Leistungskomponenten umfassen (Beispiele aus Deutschland):

  a) Preisvorschriften
        (Preise für Infrastrukturzugang der Wettbewerber)
  b) Leistungsvorschriften
        (auch Infrastruktur in dünn besiedelten Gebieten, DSL ohne Telefonvertrag)
  c) Staatliche Sicherung des Marktzutritts Dritter [170]
        (Zugang zu den Hausanschlüssen, „letzte Meile")
  d) Mengenvorschriften
        (Die Ersteiger der UMTS-Lizenzen wurden verpflichtet, flächendeckende Funknetze zu errichten)
  e) Ausschluss von Marktaktivitäten.

Angesichts der Capture-Gefahr werden natürliche Monopole oft in einzelne Bereiche zerlegt:
Speziell bei Infrastrukturmonopolen liegt das Augenmerk auf Trennung unterschiedlicher Monopole (Schiene, Verkehr, Kommunikation) in verschiedenen Händen (*horizontale Zerlegung*).
Eine *vertikale Zerlegung* liegt vor, wenn in Infrastruktur und Dienste zerlegt wird.

---

[169] Armstrong, 1994
[170] Siehe hierzu bspw. Trute, 2006

Schließlich können Infrastrukturen beispielsweise noch nach Regionen und Dienste nach Aktivitäten zerlegt werden (*divisionale Zerlegung*).[171]

Je enger Infrastruktur und Dienste bzw. Aktivitäten interdependent sind – bei den Kommunikationsnetzen beispielsweise aufgrund der Technologien – umso schwieriger ist die Regulierung. Bei der Trennung von Infrastruktur und Dienste ergibt sich beispielsweise im Fall der vertikalen Zerlegung die Frage, wie der Infrastruktur-Inhaber die nötigen Anreize zur technologischen Innovation bekommt, die für die Diensteanbieter aufgrund neuer innovativer Dienste unerlässlich sind. Die Lösung könnte der Betrieb der Infrastruktur durch ein gemeinsames Unternehmen der Diensteanbieter sein (gelegentlich mit *Club-Lösung* bezeichnet). In diesem Fall ist die Mitgliedschaft und Ausgestaltung der Zusammenarbeit regulierungsbedürftig.

Bei Monopolen in den nicht oder schwer zu duplizierenden Infrastrukturen (Straße, Schiene, Strom letzte Meile der Kommunikationsfestnetze, etc.) hat sich erwiesen, dass ohne vertikale Zerlegung kein wirklicher Wettbewerb entsteht. Bei Funknetzinfrastruktur dagegen hat sich ein guter Wettbewerb etabliert, weil diese Netze relativ leicht duplizierbar sind – wenn auch zu hohen Kosten.

Monopole sind und bleiben also ein wichtiges Feld der Wohlfahrtspolitik. Regulierung, die den Missbrauch von Monopolen entgegenwirkt, ist eine Aufgabe der staatlichen Administration. In Deutschland wird sie für Elektrizität, Gas, Telekommunikation, Post und Eisenbahnen von der *„Bundesnetzagentur"*[172] wahrgenommen. Sie wurde 2005 aus der Fusion verschiedener Ämter gebildet.

---

[171] So gehört beispielsweise niemanden das „ganze" Internet.
[172] www.bundesnetzagentur.de

Wirtschaften aus makroökonomischer Sicht im Kontext der Vernetzung

"Die alte Industriewirtschaft wurde von der Kostendegression getrieben, die [neue] Informationswirtschaft wird von der Netzwirtschaft getrieben."

Shapiro, 1999a, S.229

Der Technische Fortschritt hat schon häufig die gesamtwirtschaftlichen Aspekte entscheidend geprägt. Die Auswirkungen waren durch die Verschiebung bestimmter Akzente immer irgendwie ähnlich. Der massive Einsatz der Technologie hat die Effizienz und Leistungsfähigkeit gesteigert, jedoch der wirtschaftspolitische Handlungsrahmen wurde enger. Sei es in der Vergangenheit durch die Kostendegression, wie im kurzen Textzitat belegt, oder die heutige internationale Verflechtung durch globale Netze (Informations- und Verkehrsnetze), die den Spielraum einengen.

"…Und wenn wir diesen Dingen nachgehen, so bemerken wir, dass es fast ausschließlich eine einzige Erscheinung ist, die uns die alte Wirtschaftsform verlassen und in die neue hineinsteuern lässt. […] Und zwar handelt es sich darum, […] daß der Anteil der proportionalen Kosten am Produktionsprozess kleiner und der Anteil der fixen Kosten immer größer geworden ist, und zwar so sehr, daß schließlich der Anteil der fixen Kosten an der Produktion bestimmend wurde. […] Weil die proportionalen Kosten in so großem Umfang fix geworden sind, fehlt der Wirtschaft die Fähigkeit der Anpassung an die Konsumtion, und es tritt die merkwürdige Tatsache ein, daß zwar die Maschinen selbst immer mehr mit automatischen Steuerungen versehen werden und so der menschlichen Hilfe entraten können; daß aber die Wirtschaftsmaschinerie im Ganzen, die grosse Volkswirtschaft, ihr selbständiges Steuer verloren hat …" (Schmalenbach 1928, S.245)

In fast jedem Lehrbuch der Volkswirtschaftslehre wird die Wirtschaft als Kreislaufsystem dargestellt. Ein Güterkreislauf ist mit einem entgegen gerichtetem Geldkreislauf dargestellt. In einer Zweipersonen-Volkswirtschaft – die nicht eine reine Tauschwirtschaft ist – sähe eine solche Darstellung wie folgt

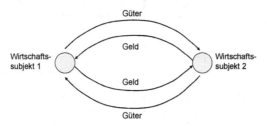

aus:

Abbildung 9: Prinzip des Güter - Geld - Kreislaufs

Diese Darstellung macht das Prinzip deutlich, ist jedoch für volkswirtschaftliche Erläuterungen zu einfach. Die übliche Darstellung aller volkswirtschaftlichen Aggregate in einer Marktwirtschaft ist deshalb komplexer. Sie bezieht den Staat und die Aggregation von Geld, die Vermögensbildung, mit ein.[173] Die Handelnden in den verschiedenen Aggregaten sind die *Wirtschaftssubjekte*.

Auf die einzelnen Elemente des folgenden Modells wird an dieser Stelle nicht weiter eingegangen. Die im Zuge der Vernetzung wichtigen Aspekte werden weiter unten behandelt.

---

[173] Die geänderte Funktion des Geldes vom umlaufenden Gegenwert der Güter, zur Akkumulation und Zins ist für einige Ideologen, die sich zwischen Marktwirtschaft und Sozialismus befinden, nicht akzeptabel, sie argumentieren für umlaufgesichertes Geld (Freigeld, Neutralgeld, Schwundgeld): http://de.wikipedia.org/wiki/Umlaufgesichertes_Geld , und/oder die Tobin-Steuer auf den internationalen Finanzmärkten. Auf diese Fragen soll hier nicht eingegangen werden.

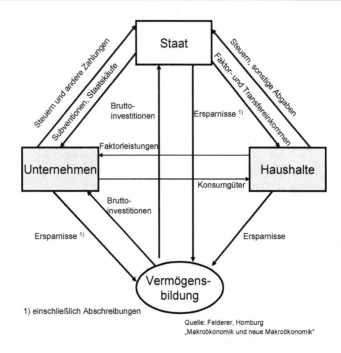

Abbildung 10: Darstellung der volkswirtschaftlichen Aggregate

Dinge als Wirtschaftssubjekte

An dieser Stelle kann bereits ein Unterschied in der Betrachtung zukünftiger Strukturen eingeschoben werden. In den tradierten Vorstellungen des obigen Modells sind Personen als Wirtschaftssubjekte tätig. Diese werden in Zukunft aber mehr und mehr durch ‚Dinge' substituiert, denn wie bereits weiter oben (und in Band1) dargestellt werden maschinelle autonome Agenten oder Intermediäre (Maschinen, Geräte, Programme,...) wirtschaftliche Entscheidungen vorbereiten, treffen und ausführen. Elemente der Spieltheorie, der Fuzzy Logic (unscharfe Logik) und der künstlichen Intelligenz führen dazu, dass diese Wirtschaftssubjekte ähnlich agieren wie Menschen dies tun. Diese Wirtschaftssubjekte handeln aber immer im Auftrag und für Menschen. Sie sind *Agenten*, die für das Wirtschaftssubjekt ‚Mensch' arbeiten. Die Bandbreite solcher Intermediäre reicht schon heute vom Softwareagenten im Aktienhandel an der Börse oder bei den Brokern bis zum Kühlschrank, der über das Internet automatisch die fehlenden Lebensmittel bestellt. Ein Zukunftsszenarium soll an dieser Stelle nicht aufgestellt werden, denn die Möglichkeiten sind einfach unbegrenzt.

Netze kennen keine Volkswirtschaften

In vielen volkswirtschaftlichen Büchern oder Artikel findet man den einschränkenden Hinweis: „In einer geschlossenen Volkswirtschaft ...". Die meisten volkswirtschaftlichen Modelle sind nur für geschlossene Volkswirtschaften in ihrer Komplexität beherrschbar und werden nur zögerlich um wenige externe Variablen erweitert. Die globalen Netze schränken das Erklärungspotenzial solcher Modelle ständig weiter ein. Man versucht deshalb beispielsweise mit Vektorautoregressionsmodellen (VAR) und mithilfe der Rechenkapazität leistungsfähiger Computer die Modelle der Wirklichkeit anzupassen, denn offene Volkswirtschaften sind heute die Regel.

Netze, insbesondere die Kommunikationsnetze, kennen keine nationalen Grenzen, würden sie es, wäre ein sehr großer Teil ihres Nutzens nicht mehr gegeben. Wirtschaftspolitik wird aufgrund der internationalen wirtschaftlichen Verflechtungen für Einzelnationen im steigenden Maße schwieriger. Der wirtschaftspolitische Handlungsspielraum wird immer geringer. Zur ökonomischen Erforschung der extensiven grenzüberschreitenden wirtschaftlichen Tätigkeit hat sich in jüngster Zeit der neue Wissenschaftszweig *border economics*[174] etabliert. Die zunächst auf nordamerikanische Verhältnisse gerichteten Studien werden auch in der übrigen Welt an Relevanz gewinnen.

---

[174] Siehe: http://ideas.repec.org/p/wpa/wuwpur/0405001.html ; www.noberef.org ; (03.2007)

Einfluss der Netze auf das Geldsystem

Bisher stand die Auswirkungen der Netze auf den Handel und die Güterproduktion im Vordergrund. Dies ist auch in der öffentlichen Diskussion, in der Presse und in der Literatur der größere Teil der angesprochenen Themen. Den größten Einfluss im Bereich der Ökonomie haben die Netze jedoch auf das Geld und Finanzsystem. Dies ist weniger im Fokus der öffentlichen Meinung, es sei denn, das Thema ist die globale Finanzspekulation; wobei diese in der Regel sehr negativ beurteilt wird.

Auf das Phänomen der Spekulation soll hier nicht näher eingegangen werden. Ohne Frage werden täglich ungeheure Geldsummen spekulativen Geldes um den Globus transferiert. Einiges ist davon sicherlich ethisch, moralisch und auch juristisch angreifbar. Es soll jedoch zu bedenken sein, dass Spekulation nicht generell zu verdammen ist. Sie hat in gewisser Weise auch eine heilsame Wirkung auf das Gesamtsystem. Der alte Banker-Spruch „Geld ist scheu wie ein Reh" gibt die Erfahrung wieder, dass Geld „flieht" wenn es ökonomisch sinnlos oder schlecht angelegt ist. So werden Schwachstellen aufgedeckt, die außerhalb des Geldsystems im ökonomischen Bereich liegen. Es sollte also in der Regel alarmieren, wenn Geld abgezogen wird und es ist ein Zeichen gesunder ökonomischer Rahmenbedingungen, wenn Geld zufließt.

Die Funktion und Wirkung von Geld ist sehr komplex und nur durch intensive wissenschaftliche Forschung begreifbar zu machen. Selbst einige Ökonomen sehen Geld deshalb als ‚Schleier', der sich über dem Wirtschaftsgeschehen ausbreitet. Die großen Weltreligionen Judentum, Christentum und Islam hatten, bzw. haben, zudem eine distanzierte Haltung oder gar ein Verbot des Zins – des Entgelts (Preis) für die Überlassung von Geld (Kredite) – und prägen damit seit Jahrhunderten das Bewusstsein eines großen Teils der Weltbevölkerung.[175] Neben diesem als Wucher gesehenen Aspekt der Geldwirtschaft sind aber auch die Eigenschaften

---

[175] Vgl. Issing, 1993

und Funktionen des Geldes komplex und deshalb für Viele ‚schleierhaft'. Das beginnt schon bei der Frage was Geld eigentlich ist, was es ausmacht. Die grundlegende Antwort auf diese Frage ist: Geld ist allgemein, was als Geld anerkannt wird. Angefangen beim Getreidegeld der Ägypter und Babylonier oder anders Warengeld wie Vieh Metall, Edelsteine über Münzen aus Edelmetall, später auch unedles Metall, bis zum Papiergeld und schließlich zum modernen *Buch- oder Giralgeld*, der gänzlich stofflosen Form des Geldes, gab es in der menschlichen Geschichte schon viele Formen des Geldes und es wird noch einige geben.

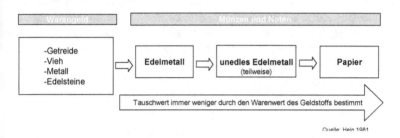

Quelle: Hein 1981

Abbildung 11: Geldformen in der Geschichte

Immer war und ist es die Annahme oder Überzeugung, dass andere Teilnehmer am wirtschaftlichen Geschehen ebenfalls die Annahme (Überzeugung) haben, dass das Geld einen bestimmten Wert hat. Diese ‚Meta-Überzeugung' über das Geld macht es sehr fragil, denn wenn auch nur durch ein Gerücht die Annahme, dass andere der Überzeugung sind, das Geld habe einen bestimmten Wert, erschüttert wird, kommt das Geldsystem in Turbulenzen; das Vertrauen in das Geld schwindet. Personen mit geldpolitischer Verantwortung müssen dem Rechnung tragen.

Eine weitere Eigenschaft des Geldes bereitet vielen Akteuren des Wirtschaftsgeschehens Verständnisschwierigkeiten, denn anders als in der Güterwirtschaft wird man durch die ‚Herstellung' möglichst viel Geldes nicht reicher sondern ärmer. Der Tauschwert des Geldes sinkt. Nur bei Beachtung bestimmter Nebenbedingungen darf die Geldmenge steigen.

Schon die bisher beschriebenen Eigenschaften des Geldes und die über Jahrhunderte bis in die jüngste Vergangenheit gemachten bösen Erfahrungen machen deutliche, dass das Geld bzw. der Geldmarkt von einer kompetenten und vom politischen Einfluss unabhängigen Institution herausgegeben, gesteuert und überwacht werden muss, um Stabilität und Sicherheit zu gewährleisten.[176] Für die nationalen Währungen zuständig sind die nationalen Zentralbanken (Kaufkraft/Stabiltät) und die Aufsichtsämter (Sicherheit/Stabilität). In Deutschland ist dies die *Deutsche Bundesbank*[177] und die *Bundesanstalt für Finanzdienstleistungsaufsicht (BaFin)*[178]. Mit Einführung des EURO hat die deutsche Zentralbank – wie die Zentralbanken aller dreizehn (Stand:01.2007) beteiligter Staaten in der europäischen Währungsunion (EWU) – den größten Teil der Zuständigkeiten an die *Europäische Zentralbank* in Frankfurt/Main[179] übertragen müssen.[180] Aufsichtsfunktion auf europäischer Ebene hat das *European System of Central Banks (ESCB)* und Institutionen wie *Committee of European Banking Supervisors (CEBS)*[181]. Daneben gibt es noch einige spezialisierte Aufsichtsbehörden wie *Forum of European Securities Commissions (FESCO)*[182], Vereinigung der europäischen Wertpapieraufsichtsbehörden. Auf weltweiter Ebene sind dies insbesondere der *International Monetary Fund (IMF)*[183] die *Bank for International Settlements (BIS)*[184] und das *Financial Stability Forum (FSF)*[185].
Durch die Vergabe von Krediten wird Zentralbankgeld geschöpft, d.h. die Geldmenge wird erhöht. Das Kreditgewerbe (Banken) unterliegt deshalb verschärfter Aufsicht. In

---

[176] Vgl. Anhang: „Bankbetrieb im historischen Wandel";
www.bundesbank.de/bankenaufsicht/bankenaufsicht_motive.php (01.2007)
[177] www.bundesbank.de
[178] www.bafin.de
[179] www.ecb.int
[180] Die Hoheit über die Münzprägung blieb bei den Ländern.
[181] www.c-ebs.org
[182] www.europefesco.org
[183] www.imf.org
[184] www.bis.org
[185] www.fsforum.org

Deutschland ist es dem *Gesetz über das Kreditwesen (KWG, 1961)* unterworfen und ab 01.01.2007 (EU-Richtlinie 2006/49/EG) zusätzlich den Regularien der BIS zur Eigenkapitalgestaltung von Kreditinstituten, die unter *Basel II*[186] bekannt wurden.

Nach dieser kurzen Einleitung in das Wesen des Geldes und das Finanzsystems mit den für den Kontext des Kapitels wichtigsten Stichworten, soll auf die Frage eingegangen werden, welchen Einfluss die elektronischen Kommunikationsnetze auf das Geld bzw. Bankwesen haben.

Banken waren schon lange bevor der Begriff Vernetzung durch das *world wide web* (www) in das Bewusstsein der Bevölkerung drang, elektronisch vernetzt (siehe Abb.12 als Beispiel für Deutschland). Für die Banken bedeutete dies enorme Anpassungsänderungen und strukturelle Neugestaltung, aber auch die Bankkunden sehen sich mehr und mehr neuen Möglichkeiten und elektronischen Serviceleistungen gegenüber. Insbesondere das Internet (www) hat zu einer Beschleunigung dieser Entwicklung beigetragen.

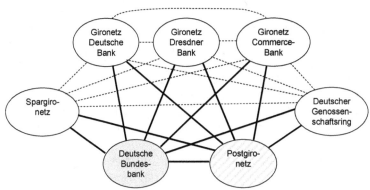

Abbildung 12: Vernetzung der Banken in Deutschland

Wie alle anderen Themen dieses Buches, kann dieses komplexe Gebilde nur in den wesentlichen Punkten behandelt werden. Zur Eingrenzung des Themenkomplexes sei zu-

---

[186] Benannt nach dem *Basler Ausschuss für Bankenaufsicht* der BIS; www.bis.org/publ/bcbs107ger.htm

nächst noch mal die Stellung der Banken in ihrem Umfeld dargestellt.

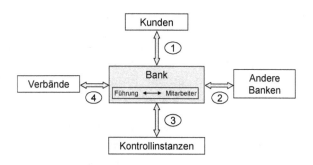

Abbildung 13: Polarisierung der Banken

Im Folgenden werden einige Aspekte der Geldwirtschaft angesprochen, die durch die elektronische Vernetzung Änderungen unterlagen.

Form des Geldes:

Die Informationstechnologie und die elektronischen Netzwerke haben eine neue Form des Geldes, das elektronische Geld oder E-Geld (e-money) hervorgebracht. Definiert ist diese Geldform u. a. in der EU-Richtlinie 2000/46/EG:
„Für die Zwecke dieser Richtlinie kann elektronisches Geld (E-Geld) als elektronischer Ersatz für Münzen und Banknoten betrachtet werden, das elektronisch, beispielsweise
auf einer Chipkarte oder in einem Computer,
gespeichert wird und das generell dafür gedacht ist,
Kleinbetragszahlungen elektronisch durchzuführen.“

Diese Richtlinie war originär jedoch nicht dazu gedacht E-Geld zu definieren sondern ein Regelwerk zu definieren dem E-Geld-Institute unterliegen. Diese Institute entstanden im Zuge der wachsenden Internetwirtschaft, insbesondere dem elektronischen Handel (e-commerce), also dem Verkauf von Waren und Dienstleistungen über das Internet. Sie stellen Bezahlverfahren und die nötige Infrastruktur bereit.

„Die Einführung einer besonderen Aufsichtsregelung für E-Geld-Institute, …. ist wünschenswert und dadurch gerechtfertigt, dass die Ausgabe von elektronischem Geld angesichts seiner spezifischen Eigenschaften als elektronischer Ersatz für Münzen und Banknoten als solche keine Entgegennahme von Einlagen im Sinne des Artikels 3 der Richtlinie 2000/12/EG[187] darstellt, wenn der entgegengenommene Betrag unmittelbar gegen elektronisches Geld eingetauscht wird." (EU-Richtlinie 2000/46/EG)

Die E-Geld-Institute sind also keine Banken, sie dürfen jedoch Geld von Kunden als Einlage annehmen, aber keine Zinsen zahlen und keine Kredite vergeben. So ist in etwa die Definition zu verstehen. Die Ursprüngliche Regulierung für E-Geld-Instituten wer offenbar zu strikt, so dass sich das Europäische Parlament zu einer Revision gezwungen sieht:

„Die E-Geld-Richtlinie wird derzeit einer Bewertung unterzogen. Es gibt Anzeichen dafür, dass sie keine hinreichende Rechtssicherheit geschaffen und die Marktentwicklung möglicherweise gehemmt hat…." (EU: Weißbuch zur Finanzdienstleistungspolitik für die Jahre 2005-2010)

Bezahlverfahren im Internet

Analog zum Begriff E-Geld oder e-money spricht man von elektronischen Bezahlverfahren bzw. von e-payment. Die Verfahren mit mobilen Endgeräten (mobile Telefone) werden mit m-payment bezeichnet und kann als Substitut der ständig mitgeführten Geldbörse betrachtet werden. Die Umsetzung des bereits bekannten Buchgeldverfahrens auf die elektronischen Netze war relativ problemlos. Neben den etablierten Verfahren des Buchgeldes wie: Kreditkarten, Lastschrift, Überweisung etc., sind eine Reihe neuer Bezahlverfahren mit dahin nicht gekannten Services entstanden.

---

[187] Anmerkung: RICHTLINIE DES EUROPÄISCHEN PARLAMENTS UND DES RATES über die Aufnahme und Ausübung der Tätigkeit der Kreditinstitute

Große Herausforderungen waren und sind die Sicherheits-aspekte. Man vergegenwärtige sich, dass das persönliche Gegenüber des Bezahlenden und des Zahlungsempfängers fehlt.

Für beide Seiten sind deshalb folgende Aspekte von Relevanz:

- *Vertraulichkeit* der Daten
  (Es darf nicht jeder die Daten lesen können – nur Befugten soll dies möglich sein).
- *Integrität* von Bestell- und Zahlungsinformationen
  (Die Daten dürfen während deren Transports nicht verändert worden sein).
- *Authentizität* von Händler und Kunden muss gegeben sein. (Es muss sichergestellt sein, dass der Benutzer auch derjenige ist, für den er sich ausgibt).

Dazu kommen im elektronischen Handel noch einige weitere Forderungen wie beispielsweise die *Nichtabstreitbarkeit* (es darf nicht bestritten werden könne, dass eine Bestellung erfolgte) usw.

Besonders problematisch sind direkte Surrogate der Barzahlung, also solche Verfahren, bei denen keine Banken zwischengeschaltet sind. Man denke an die Übereignung von Banknote(n) oder Münze(n) von einer beliebigen Person an eine beliebige andere Person. Solche Verfahren mittels e-money über das Internet (nicht etwa durch Geldkarten) sind in Bezug auf die oben genannten drei Punkte der Sicherheit eine hohe Herausforderung. Das EU Projekt SEMOPS II (Secure Mobile Payment Services) will die Standardisierung und Sicherheit beispielsweise im Bereich mobiler Bezahlverfahren befördern.[188]

Auf alle Aspekte des sehr komplexen Themas der Internetzahlungssysteme kann an dieser Stelle nicht eingegangen werden. In der folgenden Abbildung wird eine Kategorisierung der gegenwärtig bestehenden Bezahlverfahren nach dem Zeitpunkt des Tauschs des Geldes in elektronisches Geld und den jeweils bekanntesten Anbietern der Verfahren vorgenommen. Die Liste der Anbieter ist also keinesfalls vollständig.

---

[188] www.semops.com

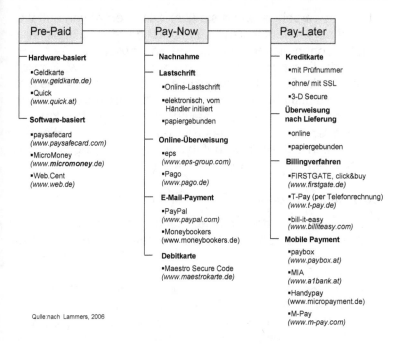

Qulle:nach Lammers, 2006

Abbildung 14: Kategorisierung von Internet-Zahlungssystemen

Auf die Anbieter und ihre Verfahren wird nicht weiter einge-gangen, hier sei auf deren Internetauftritte und auf die Litera-tur verwiesen.

Beziehung Kunde - Bank

Das Internet überbrückt Raum und Zeit (siehe Tabelle 2). Insbesondere diese Eigenschaft des Internets hat zu einer neuen Beziehung zwischen Banken (Geldinstituten) und ihren Kunden geführt (Kante 1 in Abb.13). Der Kunde muss nicht mehr zu den üblichen Geschäftszeiten in die Bank ge-hen, sondern er kann von zu Hause aus die Bankgeschäfte zu jeder Zeit führen (online-banking). Der Bankschalter ist so zu sagen in das Haus des Kunden gerückt. Ihm werden da-mit aber auch die Tätigkeiten des Schalterpersonals übertra-gen. Dies ist für die Bank eine nicht unwesentliche Kostenre-duktion, die sie über die Produktpreise an die Kunden wei-tergeben kann. Viele Bankprodukte sind deshalb mit einem

Abschlag versehen, wenn sie über das Internet verkauft werden. Allein in Deutschland nutzen schon mehr als 20 Millionen Personen diesen Weg für ihre Bankgeschäfte.[189]
Natürlich sind auch hier, wie bei allen Geld- bzw. Bankgeschäften, die Sicherheitsaspekte ein breites Thema. Die Banken (Geldinstitute) verbessern ständig die technologische Sicherheit, es ist aber auch seitens der Kunden eine gewisse Disziplin erforderlich um das Risiko zu senken. Die Hinweise der Banken sollten strikt befolgt werden, um unguten Überraschungen vorzubeugen.

Beziehung von Bank zu Banken und den Verbänden

Die Kanten zwei, drei und vier machen die Beziehungen der Banken zu anderen Banken und Institutionen deutlich. Diese Vernetzung ist komplex und vielfältig. In Bild 12 ist die Vernetzung in Deutschland dargestellt.
Für die internationale Vernetzung ist bspw. **S**ociety for **W**orldwide **I**nterbank **F**inancial **T**elecommunication *(SWIFT)*[190] zuständig. Dies ist ein genossenschaftlich organisiertes Unternehmen der Finanzwirtschaft mit Sitz in Belgien. Mit dem gleichnamigen Nachrichtennetz SWIFT wird der Zahlungsverkehr zwischen den Banken in einem gemeinsamen Standard geregelt. Anders als bei den Gironetzen in Abb. 12 wird über SWIFT kein Geld ausgetauscht, sondern Nachrichten. So teilt eine Bank bspw. einer anderen Bank mit, dass ein Überweisungsauftrag vorliegt und die Empfängerbank den Betrag zu einem bestimmten Zeitpunkt von dem Verrechnungskonto holen soll. Jede Teilnehmerbank hat einen *Bank Identifier Code (BIC)* mit dem sie eindeutig identifizierbar ist. Für die verschiedenen Produkte wie Wertpapier-, Devisengeschäfte, Auszüge usw. gibt es jeweils ein standardisiertes Nachrichtenformat. Der BIC und die Nachrichtenstandards sind mittlerweile von der ISO genormt[191] und gelten als internationale Bankleitzahl und Interbankenstandard für Finanzinformationen. Sie sind in den

---

[189] E-Banking Snapshot 19, Deutsch Bank Research, 2006
[190] www.swift.com
[191] ISO 9362:1994

EU/EWR-Staaten im internationalen Zahlungsverkehr ab 2007 Pflicht. Gleichzeitig wird in der EU auch die *Internationanal Bank Account Number (IBAN)*, also eine international eindeutige Kontonummer Pflicht. Die IBAN können bei den Banken erfragt oder aus den nationalen Kontonummern umgerechnet[192] werden.

SWIFT war der erste Ansatz der standardisierten Vernetzung im Finanzsektor. Historisch betrachtet war die Vernetzung im Finanzbereich jedoch eine nationalen Angelegenheit. So wie das in Abb. 12 gezeigte Beispiel aus Deutschland, hatten fast alle Nationen eine eigene und mit den Nachbarstaaten meist inkompatible Infrastruktur und Vernetzungen. Dies führte auch dazu, dass grenzüberschreitende Zahlungen teurer waren als inländische. Innerhalb der EU werden derzeit große Anstrengungen unternommen, ein einheitliches System zu schaffen. Unter dem Akronym SEPA (Single European Payment Area)[193] wird eine einheitliche paneuropäische Infrastruktur für grenzüberschreitende bargeldlose Massenzahlungen (retail-payment) angestrebt. Die Koordination liegt beim *European Payments Council (EPC)*[194], das Umsetzungsziel, zunächst für die Überweisung, Lastschrift und Kartenzahlung inklusive der Anpassung nationalen Rechts, ist 01.01.2008.[195]

Mit dem TARGET-Sytem (Trans-European Automated Real-time Gross settlement Express Transfer)[196] ist eine Transaktionsplattform für die Zentralbanken und für großvolumige Interbankzahlungen bereits realisiert.

---

[192] www.sparkasse-koelnbonn.de/privatkunden/reise_ausland/zahlungsverkehr/iban-rechner (01.2007)
[193] www.ecb.int/paym/pol/sepa/
[194] www.europeanpaymentscouncil.eu
[195] www.ecb.int/pub/pdf/other/singleeuropaymentsarea200602de.pdf (01.2007)
http://ec.europa.eu/internal_market/payments
[196] www.ecb.int/paym/target ; mit TARTGET II als Nachfolgeprojekt

Auswirkung der Vernetzung in den Finanzinstituten

Im Geld- und Finanzwesen sind Informationen ein wesentlicher Faktor, zudem sind fast alle Produkte ‚stofflos' und damit relativ problemlos digitalisierbar. Dieses Merkmal der Finanzwirtschaft führte schon früh zum Einsatz von IT in den Finanz-Instituten. Mit der weltweiten Vernetzung setzte dann ein Strukturwandel ein, wie in kaum einem anderen Wirtschaftszweig. Dieser Wandel hält heute noch an. Auf die vielfältigen Einzelaspekte wird hier nicht weiter eingegangen. Das folgende Bild deutet an, welche Änderungen in den letzten vier und insbesondere in den letzten zwei Dekaden stattfanden.

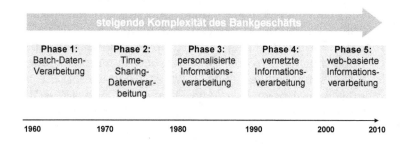

Qulle: nach „Informatisierung in der Finanzdienstleistungsbranche", deutsche Bank Research

Abbildung 15: Phasen der Informatisierung in der Finanzwirtschaft

Auswirkungen des vernetzten Geldsystems in den Unternehmen

Die Änderungen im Finanzwesen strahlen natürlich auch auf die Unternehmen aus. Im Internethandel tätige Unternehmen sind von dem strukturellen Wandel aufgrund der Vernetzung im höheren Maße betroffen. Sie sehen sich einer großen Zahl von Bezahlverfahren und Geld-Transaktionsmöglichkeiten gegenüber. Sie müssen die für sie jeweils relevante Auswahl treffen, die sich nach Kundenwünschen, Kosten und verfügbarer Infrastruktur richtet. Jedes Verfahren bietet individuell Chancen, aber auch Kosten und Risiken. Nur eine systematische Betrachtung und angemessene Auswahlverfahren können zu einer richtigen Lösung führen. Die Abbildung zeigt einen Überblick der Verfah-

ren, die das Geschäftsmodell eines Unternehmens enthalten kann. Neben der Auswahl des Verfahrens muss natürlich auch die Implementierung und der operative Betrieb sichergestellt werden. Die Beherrschbarkeit der meisten Verfahren ist ohne die Anbieter (Merchants, Issuer) der Verfahren, inklusive der Infrastruktur und der Risikoanalyse bzw. dem Risikomanagement im laufenden Geschäft, nicht effektiv möglich. Die *financial supply chain* muss diesen Anforderungen gewachsen sein und durch ständige Optimierung kosteneffizient und risikominimal gehalten werden. In kleinen und mittleren Unternehmen bieten sich für die Infrastruktur und das Risikomanagement externe Anbieter an.

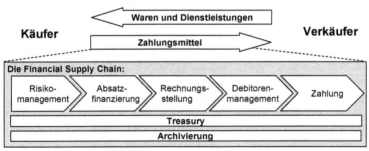

Abbildung 16: Financial Supply Chain in Unternehmen

Ausblick

Die Dichte der globalen Vernetzung wird weiter zunehmen. Wie gezeigt wurde, haben schon heute die Netze einen erheblichen Einfluss auf die Wirtschaft. Ein großer Teil der Informationen und Transaktionen wird bereits über das Internet abgewickelt.

Neue Formen der Vernetzung wie etwa selbstorganisierende Netze, das Internet der Dinge (siehe Band 1) oder ad hoc Netze, die keine festen Netzknoten haben, sondern sich nach Bedarf aus den in reichweite befindlichen netzfähigen Geräten bilden, werden das Wirtschaftsgeschehen beeinflussen und zu neuen Geschäftsmodellen führen. Mobile Kommunikationsgeräte werden zur Verbreitung selbstorganisierender Netze beitragen. Ein simples Standardbeispiel ist der Verkehrstau, der aufgrund eines ad hoc Netzes der in den beteiligten Fahrzeugen befindlichen Kommunikationsgeräten schneller bekannt wird, und damit geringere Auswirkungen auf den Gesamtverkehr hat. Im Stau befindliche Verkehrsteilnehmer werden besser informiert und auf eventuelle Alternativen hingewiesen.

Ein wachsender Teil der Wirtschaft aus der „materiellen" Welt wird sich in die Sphäre der Kommunikationsnetze verlagern. Schon heute gibt es kaum ein Wirtschaftssubjekt, das nicht einen großen Teil der täglichen Arbeit am Bildschirm verbringt. Selbstorganisierende Netze, autonome Agenten und Videokonferenzen sind dabei bereits im Einsatz. Dreidimensionale Darstellungen machen das Handeln anschaulicher und vorausschauender möglich, wie dies beispielsweise bei der Konstruktion etwa von Fahrzeugen mit der Augmented-Reality-Technology[197] bereits deutlich wird.

Ganze Wirtschaftszweige werden sich in die Welt der Netze verlagern oder dort erst entstehen. Die verändernde Wirkung der Netze auf die Gesellschaft ist dabei eine der treibenden Kräfte. Neben der Finanz- und der Spiele-Industrie zeigt ein

---

[197] Siehe Band 1

spezielles – zurzeit noch etwas holperiges Beispiel – diesen Trend auf:

Second Live[198] ist eine immaterielle dreidimensionale Welt im Internet. Die Technologie wurde von Philip Rosedale, dem Gründer der Linden Labs, mit einer großartigen Vision entwickelt[199]. Diese künstliche Welt wurde 2003 öffentlich zugänglich und zählt heute bereits über 4,5 Millionen Teilnehmer. Ein realer Mensch kann mittels einer Figur (Avatar) in diese Welt schlüpfen. Er kann nicht nur das Aussehen des Avatars wählen, sonder auch seinen Charakter festlegen (wählen). Der „Körper" ist jedoch nicht den physikalischen Gesetzen ausgesetzt wie ein Körper in der materiellen Welt. Er dient mehr oder weniger als Erkennungsmerkmal des Teilnehmers. Ein Mitglied dieser Welt wechselt quasi aus der realen Welt in ein zweites Leben (second live). Dort ist er sozialen, wirtschaftlichen und politischen Situationen ausgesetzt und muss diese bewältigen oder gestalten. Es können Häuser gebaut oder gekauft werden, man kann Land kaufen und verkaufen, eine Partei gründen und sich wählen lassen usw.

Die vollständige derzeit bestehende Second-Live-Welt ist auf diese Weise aus dem Nichts entstanden. Die Häuser und Landschaften wirken zwar noch etwas kulissenartig und die Avatare hölzern und puppenhaft. Es ist jedoch nur eine Frage der Zeit, bis die Qualität denen heutiger Spielfilm Kulissen und deren künstlichen Personen entspricht. Teilnehmer in SecondLive können dort also das tun und ausprobieren, was in der materiellen Welt nicht möglich ist oder ihre Vita zerstören würde.

Selbst wirtschaftliche Gesetze gelten in dieser immateriellen Welt, denn es gibt eine eigene Währung, den „Linden-Dollar". Dieser ist auch der bisher einzige Bezug zur materiellen Welt, denn die Währung muss mit realen Dollars gekauft werden und ist konvertierbar. Die Wirtschaftsdaten werden in einer Statistik veröffentlicht.

So kann jeder Teilnehmer in second live ein Leben führen, das vollständig unterschiedlich zu seinem materiellen Leben ist. Ein Arbeitsloser kann, wenn er die Fähigkeiten dazu hat,

---

[198] http://secondlife.com

[199] Linden Labs, San Francisco, Kalifornien: http://lindenlab.com

dort ein Tycoon sein, ein schüchterner Mensch wird in seinem zweiten Leben ein Politiker. Man kann sich auch lediglich treffen, feiern und Spaß haben. Nicht alles ist jedoch kostenlos. Es existiert ein Wirtschaftsraum ähnlich wie in der materiellen Welt.

Wie „wirklichkeitsnah" second live geworden ist zeigt sich daran, dass das Land Schweden (das materielle) dort eine offizielle Botschaft einrichtet.[200] Viele Unternehmen und Medien aus der materiellen Welt sind ebenfalls in Second-Live bereits Vertreten.

Auf die Gesellschaftliche Aspekte solcher Erscheinungen, zu denen auch das beliebte Online-Rollenspiel „world of war craft"[201] zählt, wird in einem weiteren Band dieser Buchreihe näher eingegangen.

Die Bedeutung nationaler Grenzen wird im Wirtschaftsleben weiter sinken. Regionale Märkte – so man diese noch abgrenzen will und kann – sind dann für die Unternehmen, bis hinunter zu den mittelständigen, einer unter vielen. Dieser Trend wird zu einer Verschiebung der Kaufkraft führen. Ceteris paribus wird in aufstrebenden Regionen wie beispielsweise Indien und China die Massenkaufkraft steigen, während sie in den ‚alten Industrieländern' gleich einer kommunizierenden Röhre sinkt. Diese Entwicklung kann von den alten Industrieländern nicht – um in diesem Bild zu bleiben – durch Abriegeln der Röhre aufgehalten werden, sondern nur durch Druck auf die neuen Märkte mit ständig neuen innovativen Produkten. Nichts ist für diesen Teil der Welt somit vordringlicher, als durch Förderung der Bildung die Kreativität und Leistungsfähigkeit in der breiten Bevölkerung zu steigern, Leistung und Risikobereitschaft anzuerkennen und eine Kultur des Scheiterns und Neuanfangs zu etablieren. Nur in einem solchen Umfeld kann der Humus für die notwendigen Entwicklungen entstehen, denn immer neue Technologien sind bereits absehbar. Vom Quantencomputer bis zur Entwicklung in der Nanotechnologie reicht die Bandbreite der Dinge, die unser Leben verändern werden.

---

[200] www.heise.de/newsticker/meldung/84415
[201] www.worldofwarcraft.com

Conclusio

Die Informationstechnologie und die weiter wachsenden globalen Informationsnetze prägen bereits heute Wirtschaft und Gesellschaft. In einer ersten Phase diente die IT in den Unternehmen zur Effizienz und Leistungssteigerung. In der gegenwärtigen Phase wird die IT über globale Netze miteinander Verbunden und steigert damit die Produktivität ein weiteres Mal. In einer weiteren Phase werden sich in vielen Branchen dezentral organisierte Unternehmen bilden (virtuelle Unternehmen), die aufgrund der globalen Vernetzung stabil arbeiten, sich aber nach Beendigung der Aufgabe wieder in die einzelnen Wertschöpfungselemente auflösen, um in einem neuen Wertschöpfungs-Mix eine neue unternehmerische Aufgabe zu anzugehen.

Die makroökonomischen Perspektiven sind heute nicht einmal ansatzweise auszumachen. Es ist lediglich absehbar, dass nationale Grenzen ökonomisch ihre Bedeutung verlieren. Nationen, die dies in einer vermeintlichen Schutzreaktion nicht akzeptieren wollen, werden kaum eine wirtschaftliche Zukunft haben. Die staatliche Administration muss ihre Aufgabe in der Schaffung strategischer Rahmenbedingungen für die Position des eigenen Landes in der globalen Wirtschaft sehen. Aus der operativen Steuerung der Wirtschaft im eigenen Land müssen sich staatliche Stellen weitgehend zurückziehen. Die Strukturen der Industriegesellschaft helfen in der postindustriellen Zeit nicht weiter. Wer sich heute noch zu sehr damit beschäftigt läuft Gefahr, die Zukunft zu verpassen. Aus der Vergangenheit muss man lernen, aber die Erfolge lassen sich nicht fortschreiben. Die Zukunft gewinnt man nur mit etwas Neuem, das kann man aus der Vergangenheit lernen, von Schumpeter.[202]

---

[202] Schumpeter J. „Die Theorie der wirtschaftlichen Entwicklung", ISBN 3-428-11746-8, Nachdruck der 1. Auflage von 1912,

Anhang

Die Anfänge des elektronischen Digital-Computers bis zum Personal-Computer (PC) tabellarisch

Geschichte des elektronischen Digital-Computers (Fokus auf Personal Computer). Einige Ausgewählte Meilensteine:

Jahr/ Anfang	Erfinder/ Erfindung	Beschreibung des Ereignisses
1936	Konrad Zuse/ Z1 Computer	Erster frei programmierbarer Computer
1942	John Atanasoff & Clifford Berry/ ABC Computer	Der erste elektronische Digitalcomputer in der Iowa State Univesity zwischen 1939 u. 1942
1944	John von Neumann/ (EDVAC);	Konzeption des ersten speicherprogrammierten Rechenautomaten, mit gemeinsamem Speicher für Programm und Daten.
1944	Howard Aiken & Grace Hopper/ Harvard Mark I Computer	Mark 1 Computer an der Harvard Universität (ca. 16m lang, 2,4m hoch)
1946	John Presper Eckert & John W. Mauchly/ ENIAC 1 Computer	erste vollelektronische Großrechenanlage der Welt 20,000 Elektronenröhren, 30 Tonnen, 160KW Leistungsaufnahme
1948	Frederic Williams & Tom Kilburn/ Manchester "Baby"	Manchester Universität. Die "Williams Röhre" (Williams tube) ermöglichte den ‚random' Zugriff auf Speicherzellen.
1947/48	John Bardeen, Walter Brattain & Wiliam Shockley/ Der Transistor	Erfindung des Transistors
1951	John Presper Eckert & John W. Mauchly/ UNIVAC Computer	Der Universal Automatic Computer oder UNIVAC war der erste kommerzielle Computer. Der erste Kunde war das „United States Census Bureau"

Jahr/ Anfang	Erfinder/ Erfindung	Beschreibung des Ereignisses
1953	International Business Machines/ IBM 701 EDPM Computer	Mit diesem Computer betritt IBM den Markt mit kommerziellen Computern
1954	John Backus & IBM/ FORTRAN Computer Programmiersprache	Die erste erfolgreiche Programmiersprache
1955 (In Use 1959)	Stanford Research Institute, Bank of America, und General Electric/ ERMA and MICR	ERMA, der erste Computer für die Bankenbranche – und MICR (magnetic ink character recognition) zum Lesen von Checks
1955	Bell Telephone Laboratories bzw. Bell Labs/ TRADIC	Der erste volltransistorisierte Computer. Entwickelt für die U.S. Luftwaffe. Ca. 700 Transistoren, 10000 Germanium Dioden, 100Watt Leistungsaufnahme
1958	Jack Kilby & Robert Noyce/ Die Integrierte Schaltung	Entwicklung der Integrierten Schaltung (auch Chip genannt).
1962	Steve Russell & MIT/ Spacewar Computerspiel	Das erste Computerspiel
1964	Douglas Engelbart/ Computer Mouse & Windows	Die Maus genannt, weil das Kabel hinten (am Ende) herauskam
1969	ARPAnet	Das ursprüngliche „Internet"
1970	Intel/ 1103 Computer Memory	Der erste DRAM (Dynamic Random Access Memory) chip (1K bit PMOS dynamic RAM ICs).
1971	Faggin, Hoff & Mazor/ Intel 4004 Computer Mikroprozessor	Der erste Mikroprozessor

Jahr/ Anfang	Erfinder/ Erfindung	Beschreibung des Ereignisses
1971	Alan Shugart &IBM/ The "Floppy" Disk	Auch kurz "Floppy" genannt.
1973	Robert Metcalfe & Xerox/ The Ethernet Computer Networking	Netzwerktechnologie
1974/75	Scelbi & Mark-8 Altair & IBM 5100 Computers	Die ersten Computer für Konsumenten.
1976/77	Apple I, II & TRS-80 & Commodore Pet Computers	Weiter Computer für den Konsumenten
1978	Dan Bricklin & Bob Frankston/ VisiCalc Spreadsheet Software	Das erste Tabellen-Kalkulationsprogramm
1979	Seymour Rubenstein & Rob Barnaby/ WordStar Software	Das erste „word processing"-Programm (Schreibprogramm)
1981	IBM/ The IBM PC - Home Computer	Der 'Personal Computer' (PC)
1981	Microsoft/ MS-DOS Computer Operating System	Das erste sehr erfolgreiche Betriebssystem
1983	Apple/ Lisa Computer	Der erste Home-Computer mit einer graphischen Bedieneroberfläche
1984	Apple/ Macintosh Computer	Der preiswertere Home-Computer mit graphischer Bedienoberfläche
1985	Microsoft/ Windows	Microsoft tritt als Mitbewerber von Apple auf.

Jahr/ Anfang	Erfinder/ Erfindung	Beschreibung des Ereignisses

Nach: http://inventors.about.com/library/blcoindex.htm (07.2006)

Mit Konrad Zuse begann zwar die Geschichte des modernen Computers in Deutschland, jedoch im 2.Weltkrieg und im Nachkriegsdeutschland kamen kaum Meilensteine der Computergeschichte hinzu.

Zur Computergeschichte in Deutschland siehe: http://deutsche-computergeschichte.de/ (07.2006)

Tabelle 3: Entwicklung des elektronischen Digital-Computers mit Fokus auf den PC

Lochkartensystem

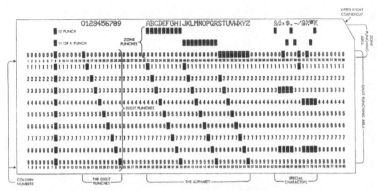

Lochkarte: Jedes Zeichen wird durch eine bestimmte Lochkombination dargestellt, wobei Ziffern durch ein Loch, Buchstaben und Sonderzeichen durch zwei oder drei Löcher codiert werden. Jede der 80 Spalten einer Lochkarte kann ein Zeichen aufnehmen.

Lochkartenstanzer
Reprint Courtesy of International Business Machines Corporation copyright (1964)

Spieltheorie in den Wirtschaftswissenschaften – einige kleine Beispiele

Die Spieltheorie als geschlossene Theorie geht auf Johann von Neumann zurück. Sein Buch von 1944 „Theory of Games and Economic Behavior" legte den Grundstein zur Spieltheorie, wie sie heute verstanden wird. Schon frühere Autoren (Bernoulli 1738, Cournot 1883 oder Borel 1924) haben einzelne Aspekte beschrieben, aber keine geschlossene Theorie geliefert. Viele Methoden der klassischen Entscheidungstheorie sind ursprünglich aus der Theorie der Glücksspiele hervorgegangen. Die Spieltheorie betrachtet dagegen keine Glücksspiele, sondern strategische Spiele, die allerdings auch Zufallselemente enthalten können.

„Gegenstand der Spieltheorie sind Entscheidungssituationen, in denen das Ergebnis für einen Entscheider nicht nur von seinen eigenen Entscheidungen abhängt, sondern auch von dem Verhalten anderer Entscheider. **Spieltheorie ist also eine Theorie sozialer Interaktion.**" (Riek, 2006, S.17)

Die Spieltheorie ist eine Sammlung von Werkzeugen, um das Ergebnis einer Gruppe von interagierenden Mitspielern (Agenten) zu bestimmen bei dem die Aktion eines Teilnehmers den Nutzen, Profit oder Vermögen – man spricht hier zusammenfassend von *Auszahlung* – der anderen Mitspieler direkt beeinflusst.

Die Suche nach einer Lösung des Spiels geschieht aufgrund der festgelegten Regeln und ist damit formalisierbar (es werden also bspw. keine psychologischen Hintergründer etc. berücksichtigt, es sei denn, diese sind Teil der Regeln). Die Fragestellung ist also: unter welchen Voraussetzungen sind welche Spielergebnisse möglich? Ohne weiter darauf einzugehen, sei noch erwähnt, dass *kooperative Lösungskonzepte* (Spieler treffen bindende Vereinbarungen) und *nichtkooperative Lösungskonzepte* (keine Vereinbarungen möglich) betrachtet werden. Ein großer Teil der spieltheoretischen Grundlagenforschung befasst sich mit der Entwicklung von Lösungskonzepten.

Bei der Darstellung wird unterschieden in *Normalform* und *extensive Form*. In ersterer wählen alle Spielteilnehmer ihre Aktionen (Strategien) simultan, während im zweiten Fall die

Spieler in unterschiedlichen Zeitabschnitten wählen, also auf die Strategien der anderen Teilnehmer reagieren können. Diese Darstellung ist in der Regel baumförmig, während die Normalform meist als Matrix dargestellt wird.

Bei den Strategien werden *reine Strategie* und *gemischte Strategien* differenziert. Bei der reinen Strategie wählt der Spieler aus einer Menge verfügbarer Strategien, bei der gemischten Strategie kann die Wahl vom Zufall abhängig sein (bspw. einem Münzwurf).

Eine Schlüsselrolle spielen die Informationsstände der Spieler. Man spricht von *unvollständiger Information*, wenn Spieler private Informationen haben, die anderen Spielern nicht zugänglich sind. Im gegenteiligen Fall besteht *vollständige Information*. Das Problem der unvollständigen Information ist Schwerpunkt eines Forschungsgebiets innerhalb der Spieltheorie, oft mit *Informationsökonomie* bezeichnet. Bekannte Modelle sind die *Principal-Agent-Modelle*. Der *Agent* hat darin private Informationen gegenüber dem *Principal*. Dieses Modell findet bspw. in Vertragsverhandlungen Anwendung. In den folgenden Beispielen wird vollständige Information unterstellt.

Ein kleines Beispiel eines nicht-kooperativen Spiels in Normalform soll zeigen, wie Daten definiert und die Lösungsstrategie gefunden werden (es handelt sich um das in die Ökonomie transformierte oft zitierte Beispiel des Gefangenendilemmas). Es geht um die Preisstrategie zweier Unternehmen.

		Firma 2			
		niedr. Preis		hoher Preis	
Firma 1	niedr. Preis	100	100	300	0
	hoher Preis	0	300	200	200

Quelle: Shy, 2001

Tabelle 4: nichtkooperatives Zweipersonenspiel

Dieses Zweipersonen-Spiel (hier zwei Unternehmen) ist in Tabellenform (Normalform) dargestellt. Die Zahlen bedeuten die Auszahlung (abstrakt, da nur die relative Höhe zählt) bei einer bestimmten Strategie für Firma 1 (links) und Firma 2 (rechts) in der jeweiligen Matrixzelle. Beide haben die gleiche Strategiemenge: $S^1 = S^2 = \{niedrig, hoch\}$.

Damit existieren vier Lösungen:
(niedrig, niedrig), (niedrig, hoch), (hoch, niedrig), (hoch, hoch)

Aus der Matrix ist zu erkennen: Fordern beide Firmen einen niedrigen Preis, dann ist die Auszahlung an beide 100; fordern beide einen hohen Preis, dann ist die Auszahlung 200. Fordert einer der Firmen einen niedrigen und die andere Firma einen hohen Preis, dann wird die Hochpreisige aus dem Markt verdrängt; die Auszahlung ist 0 für die hochpreisige und 300 für die Niedrigpreisige. Nun kann man argumentieren, die beiden könnten sich absprechen und beide einen hohen Preis verlangen. Das ist aber illegal (zeigt aber wie reizvoll das ist), denn es handelt sich um ein nichtkooperatives Spiel (im Gefangendilemma sind die Gefangenen in separaten Zellen untergebracht und können sich nicht absprechen).

Das Element s= (niedrig, hoch) aus der Menge der Strategien S bedeutet also, dass Firma 1 einen niedrigen und Firma 2 einen hohen Preis fordert. Die Auszahlung für Spieler 1 ist:

$$\pi^1 (s) = \pi^1 (niedrig, hoch) = 300$$

Für Spieler 2 entsprechend:

$$\pi^2 (s) = \pi^2 (niedrig, hoch) = 0$$

denn Spieler 2 ist aus dem Markt gedrängt.

Aus der obigen Tabelle geht hervor, dass „niedrig" für Firma 1 eine *dominante Strategie*[203] ist, denn gleichgültig welche Strategie Firma 2 wählt, Firma 1 hat mit der Strategie „niedrig" die höhere Auszahlung.

Allgemein: Eine Strategie $\hat{s}^i \in S^i$

---

[203] Die Differenzierung nach strikter Dominanz und schwacher Dominanz wird hier vernachlässigt.

ist dominant für Spieler i = 1,2, ... N, wenn ungeachtet dessen, was alle anderen Spieler spielen mit $\hat{s}{}^{i}$ die Auszahlung für Spieler i stets maximal ist.

$$\pi^{i}\,(\hat{s}{}^{i}\,,\;s^{\neg i}) \geq \pi^{i}\,(s^{i},\;s^{\neg i})\,\text{für}\quad \text{alle}\quad s^{i}\in S^{i}$$

$$\pi^{i}\,(\hat{s}{}^{i}\,,\;s^{\neg i}) > \pi^{i}\,(s^{i},\;s^{\neg i})\,\text{für}\quad \min\quad \text{ein}\quad s^{i}\in S^{i}$$

Wie leicht zu sehen ist, ist „niedrig" für Firma 2 ebenfalls dominant. Man spricht in diesem Fall von einem *Gleichgewicht der dominanten Strategien.* Im gezeigten Beispiel kann sich kein Spieler in der Höhe der Auszahlung verbessern, wenn die eigene Strategie gewechselt wird, unter der Annahme, dass auch die anderen Spieler nicht wechseln. Dies wird mit Nash-Gleichgewicht (NG)[204] bezeichnet. *„Im Nash-Gleichgwicht hat kein Spieler Anreiz als Einziger von der Gleichgewichtskombination abzuweichen; die Spieler spielen wechselweise beste Erwiderungen."*[205] Formal: Für alle Spieler i = i = 1,2, ... N gilt:

$$\pi^{i}\,(\hat{s}{}^{i}\,,\;\hat{s}{}^{\neg i}) \geq \pi^{i}\,(s^{i},\;\hat{s}{}^{\neg i})\,\text{für}\quad \text{alle}\quad s^{i}\in S^{i}, i = 1,2,...N$$

Ein Gleichgewicht der dominanten Strategien ist ein NG. Ein NG muss aber nicht immer ein Gleichgewicht dominanter Strategien sein. Darüber hinaus kann ein Spiel auch mehr als ein NG haben.

		Firma 2			
		α		β	
Firma 1	α	200	100	0	0
	β	0	0	100	200

Quelle: Shy, 2001

Tabelle 5: Nash-Gleichgewichte

---

[204] John Forbes Nash Jr. (* 13. Juni 1928 in Bluefield, West Virginia) US-amerikanischer Mathematiker und Nobelpreisträger.
[205] Riek, 2001

Ohne nähere Erläuterung sei bemerkt, dass in obiger Tabelle die Strategien (α,α) als auch (β,β) Nash-Gleichgewichte sind. Es existiert aber keine dominante Strategie.

Anhand eines letzten Beispiels soll die extensive Darstellungsform gezeigt werden. Das Unternehmen B ist in einem Markt präsent und hat bereits sunk cost gezahlt. Das Unternehmen A will nun neu in den Markt eintreten. A kann mit der Entscheidung – Markteintritt oder nicht Markteintritt – noch kontrollieren, ob noch sunk costs gezahlt werden.

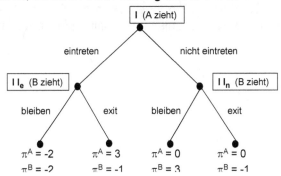

Abbildung 17: extensive Darstellung eines Spiels

Das Spiel ist als *Spielbaum* dargestellt. Er gibt die möglichen Entscheidungen und deren Abfolge wieder. Jeder Spielverlauf ist in seiner zeitlichen Folge dargestellt. Der Ablauf wird mit *dynamischer Struktur* des Spiels bezeichnet. Das Spiel ist zweistufig. In der ersten Stufe trifft A seine Entscheidung, in der zweiten Stufe entscheidet B. An den Endknoten sind die Auszahlungen des jeweiligen Spielverlaufs angegeben.

Die oben gezeigten Beispiele sind die einfachsten, vorzeigbaren in der Spieltheorie. Sie sollen andeuten, welche Relevanz sie in den Wirtschaftswissenschaften haben kann und bereits hat. Zur Vertiefung des Themas und der mathematisch formalen Darstellung sei auf die angegebene Literatur verwiesen.

Es handelt sich bei der Spieltheorie um eine noch junge Disziplin. Deshalb kann keineswegs angenommen werden, dass jede Situation in einen Computer eingegeben werden kann und das richtige Ergebnis auf dem Bildschirm erscheint. In vielen Gebieten wird sie aber schon erfolgreich eingesetzt.

Für spieltheoretische Arbeiten wurden bereits Wirtschaftsnobelpreise vergeben: John Forbes Nash Jr., John Harsanyi, Reinhard Selten 1994 (Grundlegende Analyse des Gleichgewichts in nicht-kooperativer Spieltheorie). William Vickrey 1996 (Grundlegenden Beiträge zur ökonomischen Theorie von Anreizen bei unterschiedlichen Graden von Information der Marktteilnehmer) und an Robert Aumann und Thomas Schelling 2005 (grundlegenden Beiträge zur Spieltheorie und zum besseren Verständnis von Konflikt und Kooperation").

Natürliches Monopol

In der Netzwerkökonomik spielen Monopole eine herausragende Rolle. Dies ist auf die Eigenschaften von Netzen zurückzuführen, wie sie bereits weiter oben im Buchtext mit den Netzwerkeffekten beschrieben sind. Vor allem die Infrastrukturnetze führen leicht zu Monopolen, denn die Marktzutrittsbarrieren für potenzielle Wettbewerber sind aufgrund der Fixkosten (bzw. sunk cost) für die Infrastruktur hoch.
Für die Diskussion des Themas Monopole in der Netzwerkökonomie ist der Begriff „natürliches Monopol" zu veranschaulichen.

Bei unterschiedlichen Produktionstechniken oder Ausbaustufen 1 bis 4 eines Netzes ergeben sich unterschiedliche Kostenfunktionen (C_1 bis C_4) wie beispielsweise in der Abbildung A gezeigt.

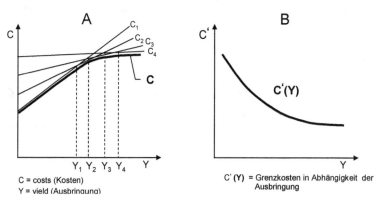

C = costs (Kosten)
Y = yield (Ausbringung)

$C'(Y)$ = Grenzkosten in Abhängigkeit der Ausbringung

Die fett dargestellte Kurve C repräsentiert den Kostenverlauf aufgrund der Anpassung an die unterschiedlichen Verfahren. Der Verlauf der variablen Kosten wird von C_1 bis C_4 flacher, was gleichbedeutend mit fallenden Grenzkosten ist (Teilbild B).
Da die Fixkosten unterproportional zur Ausbringungsmenge steigen ergeben sich auch fallenden Stückkosten. Man kann sich dies deutlich machen anhand des Beispiels eines relativ geringen Netzausbaus, der aber sehr viel höhere Nutzerzah-

120

len generiert als bisherige Bestandskunden vorhanden sind. Bei gegebenen Preisen folgt, wie in Abb. 5 des Textes gezeigt, ein steigender Grenzerlös, der typisch für die Netzwerkökonomie ist.

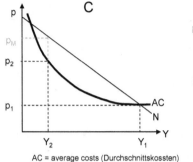

AC = average costs (Durchschnittskossten)
p_i = Wettbewerbs-Preis
p_M = Monopol-Preis
N = Nachfrage bei gegebenen Preisen

AC = average costs (Durchschnittskossten)
p_i = Wettbewerbs-Preis
p_M = Monopol-Preis
N = Nachfrage bei gegebenen Preisen

Teilbild C zeigt die komfortable Situation des Monopolisten der die Ausbringung Y_1 hat. Er versorgt den gesamten Markt und kann seine Leistungen zu p_1 an den Markt bringen. Alle Anbieter, die eine Ausbringung < Y_1 erzeugen möchten, müssten dies zu Preisen > p_2 tun. Selbst wenn viele Anbieter kleine Mengen produzieren, die aufsummiert Y_1 ergeben müsste jeder Anbieter einen Preis fordern der über p_1 liegt, denn die Kosten jedes Anbieter liegen über denen des Monopolisten, seine Kosten sind *subadditiv*:

$$C(\sum_{i=1}^{k} Y^i) \leq \sum_{i=1}^{k} C(Y^i)$$

C = costs (Kosten)
Y = yield (Ausbringung, produzierte Menge)
k = Anzahl Unternehmen im Markt ohne den Monopolisten

Die Produktion des Gutes Y in k separaten Unternehmen (Produktionsstätten) verursacht höhere Kosten als die Bündelung der Gesamten Produktion in einem Unternehmen.
Anders liegt der Fall in Teilbild D, wenn die Stückkosten nicht stetig fallen. Diese Situation kann man sich beispielsweise vorstellen, wenn ein Monopolist in der Netzwerkinfrastruktur auch dünn besiedelte Regionen versorgen will oder muss. Wettbewerber können nun die Strategie des Rosinen-Pickens wählen indem sie nur in Ballungsräumen vertreten

© Robert Korz

sind und bspw. Y_3 erzeugen. Sie können dann einen niedrigeren Preis p_3 als der Monopolist am Markt durchsetzen. Die gezeigten Fälle sind natürlich idealtypisch und in der Praxis selten anzutreffen. Dennoch zeigen sie die Problematik im Prinzip.

Einflussfaktoren wie: Art der Technologie, Substituierbarkeit der Technologie, Interdependenzen der Angebotenen Dienste (Aktivitäten), Interdependenzen der Infrastruktur und der Dienste usw. verschieben die Bilder in gewissen Grenzen.

Bankbetrieb im historischen Wandel

Alle bankmäßigen Tätigkeiten beziehen sich auf Geld und dessen Surrogate; ihre Entwicklung ist daher unmittelbar mit der Entwicklung des Geldes verbunden. Die äußere Form des Geldes hat in der Geschichte häufig gewechselt. Seine Aufgabe ist es, allgemein anerkanntes Zahlungsmittel, Wertaufbewahrungsmittel und Recheneinheit zu sein. Diese Funktionen übernahmen beim Übergang vom Naturaltausch zur Geldwirtschaft einige der getauschten Güter. Getreide, Vieh, Edelsteine oder Metalle dienten als solches Warengeld. Besonders Edelmetalle traten immer mehr in den Vordergrund; zunächst wurden diese noch gewogen und die Feinheit geprüft. Durch die Erfindung der Münzen übernahm der Staat die Garantie der einheitlichen Stückelung und der Reinheit. Damit war der Weg für die nächste Entwicklungsstufe bereitet: Kraft seiner Autorität konnte der Staat auch Münzen in Umlauf setzen, deren Nennwert höher war als der Warenwert des Metalls (Scheidemünzen). Sobald der Nennwert nicht mehr durch den Warenwert, sondern in erster Linie durch staatliche Autorität festgelegt wurde, war es nur noch ein kleiner Schritt, den Warenwert schließlich gänzlich auszuschalten und wertloses Papier mit der Geldfunktion auszustatten. Die Entwicklungsstufen, die sich jeweils stark überlagerten, lassen sich wie in Abb. 11 zusammenfassen.

Welche Stoffe auch die Geldfunktion übernahmen, stets gab es auch die Möglichkeit, Zahlungen „stofflos" durchzuführen. Schon auf frühen Stufen der Geldwirtschaft erkannte man es als Vereinfachung, das stoffliche Geld (Bargeld) bei einer zentralen Stelle zu verwahren und dann durch bloße Übertragung der Guthaben in den Büchern des Verwahrers zu zahlen. So z.B. bei den Ägyptern oder Babyloniern, wo Getreide als Geld diente, welches in staatlichen Speichern oder in Tempeln gelagert war, und mit dem durch einfache Umbuchung in den Lagerbüchern gezahlt wurde, also praktisch mit Buchgeld. Mit Buchgeld zu zahlen ist auf allen Entwicklungsstufen des Geldes eine alternative Möglichkeit gewesen.

Buchgeld konnte auch auf frühen Entwicklungsstufen nicht auf vorheriger Einzahlung von Bargeld, sondern auf bloßen Krediten des Verwahrers beruhen.

Die stärksten Anstöße zur Entwicklung bankmäßiger Tätigkeit im heutigen Sinne gingen von den Mängeln des Bargeldes aus. Beim Warengeld musste stets die Güte und Menge geprüft werden; zudem war der Transport schwierig und gefährlich. Beim Wechsel zum Metallgeld wurde dies nicht wesentlich anders. Nun hatte fast jeder kleine Staat, manchmal jede Stadt eine eigene Währung. Dazu kam die Gefahr des bewussten Herunterlegierens oder die Münzverschlechterung durch Beschneiden (Wipper und Kipper). Dies führte zu zweierlei:

1. zur Tätigkeit von Fachleuten, die die Münzen prüften und wechselten (Geldwechsler).
2. zum Versuch, den Schwierigkeiten dauerhaft auszuweichen, indem man das Bargeld nur einmal prüfen ließ, um es dann zur Verwahrung zu geben und fortan möglichst bargeldlos zu zahlen.

Im zweiten Fall musste Vertrauen in die Zuverlässigkeit des Verwahrers bestehen, und für die Kreditvergabe entsprechende Geldmittel vorhanden sein, deshalb wurde diese Tätigkeit meist von Tempeln, staatlichen Stellen oder auch wohlhabenden Kaufleute ausgeführt. Das Prüfen und Wechseln erforderte lediglich Fachkenntnisse. Die Geldwechsler waren so die ersten, die sich auf das Geldgeschäft beschränkten und ihre Tätigkeit auch damit beginnen konnten.

Eine bedeutende Rolle spielten die Geldwechsler in den mittelalterlichen Handelszentren Norditaliens. Von ihrer Tätigkeit geht auch das Wort „Bank" aus. Es leitet sich von dem „banco" her, ihrem Verkaufstisch, den sie auf Märkten zwischen den anderen Händlern aufstellten. Ihre Tätigkeit weiteten sie bald auch auf die Verwahrung von Bargeld und die Zahlungsvermittlung aus. Der lokale Zahlungsverkehr wurde durch Umbuchung und der interlokale Zahlungsverkehr durch Wechselbriefe ausgeführt. Dazu bauten die Geldwechsler ein weites Netz eigener Faktoreien auf. Als sie ihre Geschäfte auch auf die Gewährung von Krediten ausweiteten und sich sogar am Warenhandel beteiligten, kam es zu Zusammenbrüchen. Der Staat sah sich genötigt, das Depositengeschäft und das Kreditgeschäft zu trennen (Venezianische Verordnung von 1374 und 1523).

Nachhaltiger Einfluss auf den Inhalt bankmäßiger Tätigkeit ging vom Aufkommen des Papiergeldes aus. Den Beginn des Überganges vom Metall- zum Papiergeld bildeten Depositenscheine, mit denen Verwahrer die Hinterlegung von Münzen quittierten und die, bei hinreichendem Vertrauen in die betreffenden Verwahrer, von Dritten als Zahlungsmittel akzeptiert wurden. Im nächsten Schritt wurden diese „Zettel" auch ohne vorherige Hinterlegung von Münzgeld, also auf Kredit ausgegeben.

Eine bedeutende Rolle beim Übergang zum Papiergeld spielten englische Goldschmiede, die in größerem Umfang Edelmetallgeld für Kunden verwahrten und deren dafür ausgestellte Quittungen wie Geld zirkulierten („goldsmith's notes"). Auf Grund deren Erfahrung kam es im Jahre 1649 mit der Gründung der Bank of England zu einem wegweisenden Schritt für die weitere Entwicklung.

Anstoß zur Gründung war der Geldbedarf des englischen Königs für einen Krieg gegen Frankreich. Der Betrag sollte von Großkaufleuten aufgebracht werden, denen der Staat die Tonnageabgaben für Schiffe verpfänden wollte. Dies wurde mit der Gründung einer Bank verbunden, die vom Staat das Privileg für alle bankmäßigen Geschäfte erhielt. Da die Bank auch das Monopol für die Ausgabe von Banknoten hatte, trug sie schon deutliche Züge einer modernen Zentralnotenbank. Sie verfolgte allerdings keine gesamtwirtschaftlichen Ziele, sondern war voll auf die Gewinnerzielung ausgerichtet.

Die im Gefolge auf dem Kontinent gegründeten „Zettelbanken" nahmen meist ein schlimmes Ende, weil sie sich früher oder später in Fabriken von Staatspapiergeld verwandelten.

Das Vorurteil gegenüber Banknoten schwand erst wieder im 19. Jahrhundert. Es entstand langsam die Einsicht, dass die Notenausgabe auf eine Bank beschränkt bleiben müsse (Emissionsmonopol). In Deutschland nahm 1876 die *Deutsche Reichsbank* ihre Tätigkeit als Zentralnotenbank auf. Die letzten Banknoten anderer Institute wurden 1935 aus dem Verkehr gezogen. Damit war die Banknotenausgabe aus dem Kreis der üblichen bankmäßigen Geschäfte ausgeschieden.

Die letzten, wesentlichen Veränderungen auf dem Wege zu ihrem heutigen Erscheinungsbild erfuhren die Bankbetriebe seit Mitte des vorigen Jahrhunderts durch den stark steigenden Kapitalbedarf im Zuge der Industrialisierung; im Verlaufe unseres Jahrhunderts durch ihre breite Öffnung auch für die mittleren und unteren Bevölkerungsschichten.

Die im vorigen Jahrhundert noch vorherrschende Form der personen- oder familienbezogenen Privatfirmen wandelte sich aufgrund des Hohen Kreditbedarfs seit Beginn der Industrialisierung in Organisationsformen, die diese Mittel aufbringen konnten (Aktienbanken). Die Bankgeschäfte wurden dadurch auch anonymer als sie es vorher waren.

Die Aktienbanken begannen sich erst in den 20er Jahren dieses Jahrhunderts für den „kleinen Mann" zu interessieren; und erst in den 50er Jahren entwickelten sich die Banken für alle Bevölkerungsschichten. Dies ergab sich auf die stark steigenden Einkommen aus unselbstständiger Arbeit nach der Währungsreform 1948. Dadurch wurden diese Schichten auch sparfähig. Das Sparvolumen wurde zur unverzichtbaren Finanzierungsquelle der Bankbetriebe.

Durch steigenden Wohlstand wurden die breiten Bevölkerungsschichten auch „bankfähig", d.h. über die Anlage ihrer Spargelder hinaus auch für den Absatz weiterer Bankleistungen erfolgversprechende Kunden (Kreditvergabe, Abwicklung des Zahlungsverkehrs, Wertpapiergeschäft). Dies erforderte weitreichende Wandlung der Bankorganisation und des Vertriebs.

In den 70er Jahren dehnten sich die Aktivitäten der großen Institute über die nationalen Grenzen aus. Im Zuge der Internationalisierung stehen die Banken auch durch den neu geschaffenen Eurowährungsraum vor neuen Herausforderungen.

Aus: Korz, Robert, „Rolle und Aufgaben von Banken im Gesamtwirtschaftlichen Umfeld", unveröffentlichte Seminararbeit, 1998

Aus: Die Gemeinwirtschaft, Ludwig von Mises (1922)

„...Es ist ein Irrtum, wenn man glaubt, der Sozialismus könnte durch die bösen Erfahrungen, die man mit ihm gemacht hat, überwunden werden. Tatsachen an sich können nichts beweisen oder widerlegen; alles kommt auf die Deutung an, die man ihnen gibt. Von den Ideen, von den Theorien hängt alles ab...

...Der Liberalismus tritt nicht als eine dem Klasseninteresse der Besitzenden dienende Lehre auf. Wer ihn so auffaßt, hat von vornherein dem Hauptgedanken des Sozialismus zugestimmt; für einen Liberalen darf er sich nicht halten. Der Liberalismus verlangt Sondereigentum nicht im Interesse der Besitzenden, sondern im allgemeinen Interesse; er geht davon aus, daß die Aufrechterhaltung der kapitalistischen Gesellschaftsordnung nicht nur im Interesse der Besitzenden, sondern im Interesse aller Glieder der Gesellschaft gelegen sei. Im sozialistischen Gemeinwesen werde es wohl keine oder nur geringe Ungleichheit in der Einkommensverteilung geben. Da aber wegen der geringeren Ergiebigkeit der sozialistischen Produktion die Summe dessen, was zu verteilen ist, bedeutend kleiner sein werde, werde auf jeden einzelnen weniger entfallen, als jetzt auch dem Ärmsten zukommt. Ob man diese Argumentation für richtig ansieht oder nicht, ist eine andere Frage. Doch darum eben handelt es sich beim Streit zwischen Sozialismus und Liberalismus. Wer sie von vornherein ablehnt, hat damit auch schon den Liberalismus abgelehnt. Es geht aber keineswegs an, das ohne jedes Eingehen in die Probleme und in die Argumentation der Parteien selbst zu tun...

...Denn sozialistische Gesellschaftsordnung ist undurchführbar. Alle Bestrebungen, den Sozialismus zu verwirklichen, führen nur zur Zerstörung der Gesellschaft...

...Die Gesellschaft ist ein Erzeugnis des Willens und der Tat. Wollen und Handeln können immer nur Menschen. Alle Mystik und Symbolik der kollektivistischen Philosophie kann uns nicht darüber hinweghelfen, daß wir vom Denken, Wollen und Handeln von Gesamtheiten nur figürlich reden können, und daß die Vorstellung empfindender, denkender, wollender und handelnder Kollektiva nur ein Anthropomorphismus ist. Die Gesellschaft ist aus dem Individuum heraus entstanden; jene Gesamtheiten, die der Kollektivismus als logisch und historisch vor den Individuen gegeben annimmt, mögen Herden und Horden gewesen sein, Gesellschaften, d. i. durch das Zusammenwirken von denkenden Geschöpfen entstandene und bestehende Verbände waren sie keineswegs. Die Menschen setzen die Gesellschaft, indem sie ihr Handeln zu einem wechselseitig bedingten Kooperieren machen.

Die Grundlage und der Ausgangspunkt gesellschaftlicher Kooperation ist im Friedensvertrag, dessen Inhalt die wechselseitige Anerkennung des Besitzstandes bildet; aus einem tatsächlichen, durch Gewalt behaupteten Haben wird das Rechtsinstitut des Eigentums geschaffen, damit auch zugleich die Rechtsordnung und der Zwangsapparat zu ihrer Aufrechterhaltung. All das ist wohl das Ergebnis bewußten und seine Ziele erkennenden Wollens. Doch dieses Wollen sieht und will nur das nächste und unmittelbare Ergebnis: von den weiteren Folgen weiß es nichts und kann es nichts wissen. Die Frieden und Normen schaffenden Menschen wollen nicht mehr als für die Bedürfnisse der kommenden Stunden, Tage und Jahre sorgen; daß sie damit zugleich an dem Bau eines großartigen und feingegliederten Gebildes arbeiten, wie es die menschliche Gesellschaft ist, entzieht sich ihrer Einsicht. Darum werden die einzelnen Institute, die in ihrer Gesamtheit den Gesellschaftsorganismus tragen, aus keinem anderen Gesichtspunkte heraus geschaffen als aus dem der augenblicklichen Zweckmäßigkeit. Sie erscheinen ihren Schöpfern als individuell notwendig und nützlich; ihre gesellschaftliche Funktion bleibt ihnen fremd.

Langsam nur reift der menschliche Geist zur Erkenntnis der gesellschaftlichen Zusammenhänge. Zunächst ist ihm die Gesellschaft ein so rätselhaftes und unbegreifliches Gebilde, daß er zum Verständnis ihres Werdens und Wesens noch immer zur Annahme eines von außen her die menschlichen Geschicke leitenden göttlichen Willens greift, als er schon in der Naturwissenschaft längst gelernt hatte, auf diese Hilfskonstruktion zu verzichten. Kants „Natur", die die Menschheit einem besonderen Ziele entgegenführt, Hegels „Weltgeist", aber auch der Darwinianer „natürliche Zuchtwahl" sind nichts als die letzten großen Versuche dieser Methode. Erst die liberale Gesellschaftsphilosophie hat es vermocht, die Gesellschaft aus dem Handeln der Menschen heraus zu erklären, ohne Metaphysik in Anspruch nehmen zu müssen. Sie erst bringt es zustande, die soziale Funktion des Sondereigentums zu deuten. Sie begnügt sich nicht mehr damit, das Gerechte als eine gegebene Kategorie, die man nicht zu analysieren vermag, hinzunehmen oder es aus einem unerklärlichen Wohlgefallen an gerechtem Verhalten abzuleiten; sie sucht es aus den Folgen des Handelns und aus der Einschätzung dieser Folgen zu begreifen.

Der alten Weltanschauung galt das Eigentum als heilig. Der Liberalismus zerstört diesen Heiligenschein wie alle anderen; das Eigentum wird zu einer Sache der Welt und der Nützlichkeit „erniedrigt". Es gilt nicht länger als absoluter Wert, es wird als Mittel, d. i. seines Nutzens wegen gewürdigt. In der Philosophie vollzieht sich dieser Wandel der Anschauungen ohne besondere Schwierigkeiten; an die Stelle einer als unzulänglich erkannten Lehrmeinung tritt eine zulänglichere. Doch im Leben und im Bewußtsein der Massen kann sich eine grundstürzende Revolutionierung des Geistes nicht mit der gleichen Reibungslosigkeit vollziehen. Es ist keine Kleinigkeit, wenn ein Götzenbild, in dessen Furcht die Menschheit Jahrtausende gelebt hat, zerstört wird und der zitternde Sklave auf einmal die Freiheit erlangt. Was bisher galt, weil Gott und das Gewissen es befahlen, soll nun gelten, weil man es selbst gelten lassen kann, wenn man will. Was gewiß war, wird ungewiß; recht und unrecht, gut und böse, alles gerät ins Wanken. Die alten Tafeln der Gesetze sind zertrümmert, ein neues Gesetz soll der Mensch sich nun selbst geben. Das kann sich nicht in den Formen der parlamentarischen Wechselrede und der ruhigen Abstimmung bei Wahlen vollziehen; eine Revision des Sittenkodex kann nicht ohne tiefste Erregung der Geister und wildeste Ausbrüche der Leidenschaft durchgeführt werden. Der gesellschaftliche Nutzen des Sondereigentums kann nur erkannt werden, wenn man sich die Verderblichkeit jeder anderen Ordnung der Dinge klar vor Augen geführt hat.

Daß dies der Gehalt des großen Kampfes zwischen Kapitalismus und Sozialismus ist, erkennt man am besten, wenn man zur Einsicht gelangt ist, daß auch auf anderen Gebieten des sittlichen Lebens sich derselbe Prozeß abspielt. Nicht nur das Eigentumsproblem steht heute zur Erörterung; es ist nicht anders mit dem Problem des Blutvergießens, das in verschiedener Gestalt, vor allem in der des Kriegs- und Friedens-problems die Welt bewegt. Ganz besonders sichtbar aber wird die grundsätzliche Gleichartigkeit des moralischen Prozesses auf dem Gebiete der geschlechtlichen Sittlichkeit. Auch hier sind die uralten Gewissensvorschriften im Wandel begriffen. Was als Tabu, als heilige Satzung, gegolten hat, soll nun gelten, weil man es als dem Wohle der Menschen zuträglich erachtet. Und es konnte nicht ausbleiben, daß man auch diesen Umsturz des Geltungsgrundes zum Anlaß nahm, um zu prüfen, ob die Normen, die bisher gegolten haben, auch wirklich förderlich seien, oder ob man sie nicht etwa beseitigen könnte.

Im Innenleben des Einzelnen löst die Unausgeglichenheit dieses Kampfes schwere seelische Erschütterungen aus, die dem Arzte unter dem klinischen Bilde der Neurose bekannt sind.[1] Sie ist die charakteristische Krankheit unserer Zeit des moralischen Überganges,

1 Vgl. Freud, Totem und Tabu, Wien 1913, S. 62 ff.

der geistigen Reifeperiode der Völker. Im gesellschaftlichen Leben wirkt sich der Zwiespalt in den furchtbaren Kämpfen und Irrungen aus, die wir schaudernd miterleben. Wie es für das Leben des einzelnen Menschen von entscheidender Bedeutung ist, ob es ihm gelingt, aus den Wirren und Ängsten der Reifezeit heil und kraftvoll hervorzugehen, oder ob er Narben davonträgt, die ihn dauernd an der Entfaltung seiner Fähigkeiten hindern, so ist für die menschliche Gesellschaft nichts wichtiger als die Art und Weise, wie sie die Kämpfe um das Organisationsproblem überstehen wird. Aufstieg zu engerer gesellschaftlicher Verknüpfung der Individuen und damit zu höherem Wohlstand auf der einen Seite, Zerfall der gesellschaftlichen Kooperation und damit des gesellschaftlichen Reichtums auf der anderen Seite, das sind die beiden Möglichkeiten. Eine dritte gibt es nicht.

Die große gesellschaftliche Auseinandersetzung kann nicht anders vor sich gehen als im Denken, Wollen und Handeln der Individuen. Die Gesellschaft lebt und wirkt nirgends als in den Individuen; sie ist nichts als eine bestimmte Einstellung der Einzelnen. Jeder trägt auf seinen Schultern ein Stück der Gesellschaft; keinem wird sein Teil Verantwortung durch andere abgenommen. Und niemand kann für sich allein einen rettenden Ausweg finden, wenn die Gesellschaft als Gesamtheit dem Untergang entgegengeht. Darum muß jeder, im eigensten Interesse, am Kampf der Geister mit dem Aufgebot aller Kräfte teilnehmen. Niemand kann abseits stehen und sich für unbeteiligt halten; jedermanns Sache wird auf der Wahlstatt ausgetragen. In den großen geschichtlichen Entscheidungskampf, vor den uns unsere Zeit gestellt hat, wird jedermann hineingezogen, ob er will oder nicht.

Die Gesellschaft ist Menschenwerk. Kein Gott, keine dunkle „Naturgewalt" hat sie geschaffen. Ob sie sich fortentwickeln soll oder ob sie untergehen soll, liegt in dem Sinne, in dem die kausale Determiniertheit alles Geschehens es zuläßt, von freiem Willen zu sprechen, in der Menschen Hand. Ob die Gesellschaft ein Gut oder ein Übel ist, mag verschieden beurteilt werden. Doch wer das Leben dem Tode, die Glückseligkeit dem Leid, den Wohlstand der Not vorzieht, wird die Gesellschaft bejahen müssen. Und wer die Gesellschaft und ihre Fortbildung will, muß auch, ohne alle Einschränkungen und Vorbehalte, das Sondereigentum an den Produktionsmitteln wollen…"

Siehe auch: http://www.mises.de/texte/mises/Gemeinwirtschaft.html (02.2007)

Glossar

Dieses Glossar ist als Erweiterung des Glossars in Band 1 gedacht.

ABC-Analyse
Unterteilt die untersuchten Merkmale in Klassen nach der Größe der vorher definierten Parameter.
So kann etwa der Umschlag eines Warenlagers nach der Umschlagshäufigkeit in A, B oder C Waren klassifiziert werden. Dies ist dann Basis für betriebswirtschaftliche Entscheidungen wie Bestellvorgang, Sonderverkäufe oder ähnlichen Aktionen.

Ajax
Asynchronous **Ja**vaScript and **X**ML
Ein Sammelbegriff für Internet-Technologien, die sehr dynamische Web-Anwendungen ermöglichen.
Siehe >Web 2

ASP
Application **S**ervice **P**rovision
Ein beliebiges Anwendungsprogramm, bspw. ERP, Microsoft Office, o. ä. wird nicht beim Anwender auf dem Computer installiert, sondern bei einem Provider auf einem Server. Der Anwender benutzt das Programm bspw. über das Internet, so als wäre es auf seinem Computer installiert. Der Vorteil für den Anwender besteht darin, dass er sich nicht um Lizenzen, Updates, Sicherheit u. s. w. kümmern muss und den Umfang der Nutzung durch den Mietvertrag geregelt ist.

Bandwagon-Effect
(Musikwagen-Effekt) Beruht auf der Beobachtung, dass Menschen etwas tun (oder glauben) weil andere Menschen das Gleiche tun (oder glauben). Man spricht auch vom *Herdeninstinkt,* also dort zu sein oder etwas zu machen, „wo die Musik spielt". Der Ausdruck ist aus dem amerikanischen entlehnt und beschreibt die Situation bei Paraden oder Umzügen, Musik bequem und ohne Laufen zu müssen anzuhören, indem man auf dem Wagen mitfährt, auf dem die Musikkapelle spielt.
In der Mikroökonomik beschreibt der Effekt das Kaufverhalten, das darauf basiert, dass die Produkte gekauft werden sobald die Verkaufszahlen steigen. Dies bricht mit der Annahme des Normalverhaltens gemäß Angebot und Nachfrage, bei dem der Kauf lediglich von den Preisen und den eigenen Präferenzen abhängig ist.

BIC
Bank Identifier Code
Eine international Eindeutige Bankleitzahl, die in der ISO 9362 genormt ist.
Bsp.: DEUTDEDB440 für die Deutsche Bank in Dortmund

Der BIC ist seit 2007 im internationalen Zahlungsverkehr Pflicht in der EU.

BPM Business Process Management
IT-Architektur und Programme zur Unterstützung und Management von Unternehmensprozessen. Die Hinwendung zur Prozessorientierung in den Unternehmen hat zu einem gewissen Boom geführt.

Browser Programm auf einem Endgerät (PC, PDA, etc.) zur Darstellung von Internetseiten.
Nach: to browser, *engl.*, 1. grasen, weiden
2. ˍtrough a book, in einem Buch blättern, schmökern.

CIM Computer Integrated Manufactoring
IT-gestützte Produktion bis hin zum Einsatz von Robotern.

CRM Customer Relationship Management
IT-Architektur und Programme, die zum Beziehungsmanagement zu den Kunden beitragen und es unterstützen. Das Kunden-Beziehungs-Management ist zwar nicht erst seit dem Internet ein Anliegen der Unternehmen. Die Netze haben aber, aufgrund der technischen Möglichkeiten, diesem Aspekt enormen Auftrieb gegeben.

IBAN International Bank Account Number
Eine international eindeutige Kontonummer mit max. 34 Stellen. Ab 2007 beim internationalen Zahlungsverkehr Pflicht in der EU.
Sie enthält eine Länderkennung, dann eine zweistellige Prüfziffer danach die Bankleitzahl und die mit Nullen aufgefüllte nationale Kontonummer.
Bsp.:
IBAN: DE51678900000000047853
Papierformat: DE51 6789 0000 0000 0478 53

PC Personal Computer
Im Gegensatz zu früheren Großcomputer, einer einzelnen Person zurechenbarer und von ihr benutzter Computer.

PDA Personal Data Assistant
Handtellergroßer Computer zum Verwalten persönlicher Daten (Termine, Adressen, E-mails, etc.). Funktionen wie Textverarbeitung oder Tabellenkalkulation sind i. a. nur eingeschränkt nutzbar und wenig komfortabel.

PLM Product Lifecycle Management

Ein IT-System, mit dem alle Daten, die bei der Entstehung, Lagerhaltung und dem Vertrieb eines Produkts anfallen, einheitlich gespeichert, verwaltet und abgerufen werden können.

SOA Service-Oriented-Architecture
Spezielle IT-Architektur, die sehr flexibel auf neue Anforderungen umgestellt werden kann und Redundanzen von Computer-Programmen vermeidet, indem diese als Dienste zur Verfügung gestellt werden.
Sieh auch Text in diesem Buch

Trojaner Aus der griechischen Mythologie bekanntes Ereignis, in dem sich griechische Soldaten in einem großen Holzpferd versteckten und dieses den Bewohnern der Stadt Troja nach langer Zeit der Belagerung schenkten. Die „Trojaner" glaubten an ein Versöhnungsgeschenk und zogen das Holzpferd in ihre Stadt, dort wurden sie von den versteckten Griechen überwältigt.
Im Bereich der Computer und Informationsnetzwerke wird diese Hinterlist für die Bezeichnung eines Programm verwendet, das sich als nützlich ausgibt, in dem aber ein Programm versteckt ist, das Schaden auf dem Computer anrichten oder die Dateien ausspionieren kann. Das Opfer eines „Trojaners" ist also in der Rolle der antiken Trojaner, während der Täter die Rolle der Griechen einnimmt. In sofern ist die Bezeichnung eines solchen Programms nicht ganz treffend und müsste vollständig „Trojanisches Pferd" heißen.

Web 2 In zwei unterschiedlichen Bedeutungen benutzter Begriff:
1. Neues Paradigma des Internets, das semantische Web. Es wurde von Tim Berners-Lee et al. in Scientific America 05/01 S.34 veröffentlicht. Dabei wird den Inhalten des Internets eine kontextabhängige, maschinenlesbare Indexierung zugeteilt. Die Suche nach den Inhalten wird dadurch vereinfachen, denn sie können durch Computerprogramme erkannt werden. Bei der Suche kommt es dann nicht mehr auf die Schreibweise des Suchbegriffs an, sondern auf den Inhalt in seinem Kontext. Den Daten im Internet werden also Daten über die Daten (Metadaten) zugefügt, die von Maschinen erkannt und verwaltet werden und so semantisch logische Regelverarbeitung ermöglichen. Das Semantic Web hat sich bisher nicht durchsetzen können, nicht zuletzt aufgrund der höheren Anforderungen an die Web-Programmierer, die die Indexierung vornehmen müssen.

2. Umgangssprachlicher Sammelbegriff für die Nutzung verschiedener Web-Technologien, um die Webseiten dynamischer zu machen. Streng genommen handelt

es sich um eine Innovation, die lediglich das Prädikat web 1,5 verdiente. Die unter 1. genannte Entwicklung wäre zur Recht mit web 2 bezeichnet. Es hat sich jedoch umgangssprachlich in jüngster Zeit der Begriff web 2 für die Technologie zur Dynamisierung von Webseiten und web 3 für das semantische Web verfestigt.

In der ersten Internetphase waren die Web-Seiten statisch, d.h. beim Wechsel eines kleinen Bereich auf der Seite, wurde die gesamte Seite mit dem neuen Inhalt in den Browser geladen. Teilweise neue, teilweise bekannte Technologien, die unter dem Begriff „Ajax" (**A**synchronous **J**ava**S**cript **a**nd **X**ML) subsumiert werden, ermöglichen nun einzelne Inhaltsfraktale in der Web-Seite auszutauschen, ohne die gesamte Seite neu zu laden. Dazu kommt eine verbesserte Interaktion zwischen den Endgeräten und den Servern. Durch diese neuen Funktionalitäten wird, in gewissen Grenzen, die Trennung zwischen Desktop und Webanwendung verwischt. Es können nun beispielsweise Textverarbeitungssysteme oder Tabellenkalkulationen auf Web-Technologien aufgebaut sein. Der Nutzer hat diese Programme also nicht mehr auf seinem PC installiert, sondern benutzt die Funktionalitäten solcher Anwendungen über eine schnelle Internetverbindung in seinem Web-Browser (nicht zu verwechseln mit >ASP).

Anwendungsbeispiel: www2.writely.com

Zu Ajax siehe bspw.:
http://de.wikipedia.org/wiki/Ajax_%28Programmierung%29

X-Effizienz

Die Produktionsfunktion beschreibt eine technologisch-organisatorische Beziehung zwischen Input und Output, die herkömmlicher weise als deterministisch bestimm gilt. Von einer bestimmten Kombination von Inputs erhält man pro Zeitperiode einen bestimmten technologisch determinierten Output. In der Regel wird hierbei unterstellt, die Transformation des Inputs in den Output geschehe allokationseffizient: Bei gegebenem technischen Wissen würde mit gegebenem Input der maximal mögliche Output erzielt (die Transformationskurve oder Produktionsmöglichkeitskurve ist der geometrische Ort solcher pareto-optimaler Punkte technologischer Effizienz).

Die X-Effizienz-Theorie leugnet diesen Determinismus. Sie behauptet vielmehr, dass die Effizienz der Input-Output-Transformation von zusätzlichen Faktoren abhängt, insbesondere vom Ausmaß unternehmerischer Motivation und Anstrengung der Arbeitskräfte. Konsequenz: Die Motivation (Anstrengung) muss als endogene oder diskrete Variable berücksichtigt werden, wenn man die Beziehungen zwischen Input und Output erklären will.

X-Effizienz ist also die Effektivität, mit der gegebene Input-Faktoren für die Produktion eines Outputs genutzt wird. Produziert ein Unternehmen mit dem gegebenen Input an Ressourcen wie Maschinen (Technologie) und den Arbeitnehmern den maximalen Output, so produziert es x-effizient (X-% von Max.). Die 100%ige X-Effizienz ist ein Idealtypus und fast nie der Fall, es kommt zu X-Ineffizienz, einer Differenz zwischen theoretisch erreichbarem Output und dem tatsächlichen Output. Gründe dafür sind das Transformationsproblem (Input ineffizient in Output transformiert) und das Opportunismusproblem, d.h. die Arbeitszurückhaltung seitens der Belegschaft (Produktivität, Prinzipal Agent Problem und verbundene Zielkonflikte, etc.) [1], nicht perfekter Produktionsfunktion (keine innovative Technik) und ineffiziente Beschaffung der Inputfaktoren. Um den Arbeitnehmer zu größerer ‚Anstrengung' zu bewegen muss dieser überwacht werden, es entstehen beispielsweise Transaktions- und Überwachungskosten.

Siehe auch Leibenstein, 1966

1) Zu Prinzipal-Agent: Schmidt, 1995

X-Ineffizienz   Nicht > X-Effizient

Literatur

Artikel:

„Frachtraten geben Rätsel auf"
Frankfurter Allgemeine Zeitung, Nr. 150, S.21
01.Juli 2005

„Im E-Business rollt die zweite Investitionswelle"
Frankfurter Allgemeine Zeitung, Nr. 145, S.19
26.Juni 2006

„Vormarsch der Selbermachen"
FTD-Reine: Der neue Internet-Boom
Financial Times Deutschland, 121/26, 26.Juni 2006, S. 4

„Zeichnen, Drucken, fertig"
Wirtschaftswoche, Nr.33, S63-65
11.08.2005

„Retail banking via internet
– Banking online boosts and curbs customer loyalty – „
e-Banking Snapshot 19
Deutsche Bank Research, Nov. 2006

Albers, Sönke
„Marktdurchsetzung von technologischen Nutzungsinnovationen"
In: Hamel, Winfried; Gemünden, Hans Georg
Außergewöhnliche Entscheidungen. Festschrift für Jürgen Hauschildt,
ISBN 3-8006-2680-2
Vahlen, 2001

Dahrendorf, Ralf
„Wirtschaftlicher Erfolg und soziale Wirkung"
Frankfurter Allgemeine Zeitung, Nr. 301, S.13
24. Dez. 2004

Economides, Nicholas
"Competition Policy in Network Industries: An Introduction"
Stern School of Business, New York University, New York, 2003

Economides, Nicholas
"Notes on Network Economics and the "New Economy"
Stern School of Business, New York University, New York, 2000

Economides, Nicholas
"Network Externalities, complementarities, and invitation to enter"
Stern School of Business, New York University, New York, 1996

Economides, Nicholas
"The Economics of Networks"
Stern School of Business, New York University, New York, 1995

Friedrich, Cornelia B.
„Internet-Ökonomie. Ökonomische Konsequenzen der Informations- und Kommunikationstechnologien (IuK)", 2003
ISSN 945-4829
Arbeitspapier 08/03
Universität Dresden
http://www.tu-dresden.de/wwvwlgkw/pdf/ddpe200308.pdf (03.2006)

Goertzel, Ben; Pritchard, John
„Für eine Handvoll tausendstel Cent"
– Wir stehen vor einer elektronischen Revolution, die nichts beim Alten lasst: Die Internet-Ökonomie als komplexes System – „
Frankfurter Allgemeine Zeitung, Nr. 65, S.53
17. Mrz. 2000

Greenwald, Bruce; Kahn, Judd
"All Strategy Is Local"
Harvard Business Review, 2005
http://www.capatcolumbia.com/Articles/FoStrategy/All%20Strategy%20is%20Local.pdf (03.2006)

Grossman, Lev
„Power to the People"
Time Magazin, Dez. 25.2006-Jan. 01.2007, Vol.168, No. 27/28, S. 30 ff.

Höffe, Otfried
"Zwischen Risiko und Sicherheit"
– Vor lauter Zukunftsangst geht die Gegenwart verloren/ Der wuchernde Fürsorgestaat entmündigt die Bürger –
Frankfurter Allgemeine Zeitung, Nr. 184, S.11
10. Aug. 2002

Issing, Otmar
"Der Zins und sein moralischer Schatten"
– Zur Rolle des Zinses in der modernen Wirtschaft –
Frankfurter Allgemeine Zeitung, 20. Nov. 1993

Klotz, Ulrich
"Neue Unternehmensmodelle führen zu einer anderen Definition von Arbeit"
Frankfurter Allgemeine Zeitung, Nr. 124, S.33
29. Mai 2000

Korz, Robert
„RFID – nur ein Hype oder reale Chance?"
In: bdvb-aktuell, Ausgabe 92, Apr. bis Juni 2006
Bundesverband Deutscher Volk- und Betriebswirte, Düsseldorf
Koslowski, Peter
"Das Ende der sozialen Marktwirtschaft"
Frankfurter Allgemeine Zeitung, Nr. 263, S.15
11. Nov. 2006

Leibenstein, Harvey
"Allocative Efficiency and X-Efficiency,"
The American Economic Review, 56 (1966), pp. 392-415

Lübbe, Hermann
"Die Metropolen werden museal"
Frankfurter Allgemeine Zeitung, Nr. 128, S.12
06. Jun. 1997

Mauboussin, Michael J.; Bob Hiler
"Why Strategy Matters - Exploring the link between strategy, competitive
advantage and the stock market"
Frontiers of Strategy Volume 1
CREDIT SUISSE FIRST BOSTON CORPORATION, 1998
http://www.capatcolumbia.com/Articles/FoStrategy/Fos1.pdf (03.2006)

Mauboussin, Michael J.; Bob Hiler
„On The Shoulders of Giants - Mental Models for the New Millennium"
Frontiers of Strategy Volume 2
CREDIT SUISSE FIRST BOSTON CORPORATION, 1998
http://www.capatcolumbia.com/Articles/FoStrategy/Fos2.pdf (03.2006)

Mauboussin, Michael J.; Kawaja, Stephen G.
„The Retailer's Dilemma - Revenge of the Nerds: How the New Value Net-
work
Challenges Incumbents"
Frontiers of Strategy Volume 4
CREDIT SUISSE FIRST BOSTON CORPORATION, 1999
http://www.capatcolumbia.com/Articles/FoStrategy/Ni3759.pdf (03.2006)

Mauboussin, Michael J.; Schay, Alexander; Kawaja, Stephen G.
„Network to Net Worth - Exploring Network Dynamics"
Frontiers of Strategy Volume 5
CREDIT SUISSE FIRST BOSTON CORPORATION, 2000
http://www.capatcolumbia.com/Articles/FoStrategy/Ni1924.pdf (03.2006)

Picot, Arnold
„Die Transformation der Wirtschaft in der Informationsgesellschaft"
Frankfurter Allgemeine Zeitung, Nr. 46, S.29
24.Feb. 2000

Porter Michael E.; Kramer, Mark R.
„Wohltaten mit System"
Harvard Business Manager, Jan. 2007

Schmalenbach, E
„Die Betriebswirtschaftslehre an der Schwelle der neuen Wirtschaftsverfassung", in: Zeitschrift für Handelswissenschaftliche Forschung (ZfhF), 22. Jg., S. 241-251, 1928

Schmidt U. / Theilen B.
„Prinzipal Agenttheorie"
Das Wirtschaftsstudium, 1995, S.483 - 486

Sebastian, Karl-Heinz; Olbrich, Michael
„Goldgrube oder Fass ohne Boden? – Die Market Due Diligence bei Internet-Unternehmen – "
Frankfurter Allgemeine Zeitung, Nr. 278, S.31
29. Nov. 1999

Shapiro, Carl; Varian, Hal R.
"Network Effects"
University of California, Berkeley, 1998

Siebert, Horst
„Die Angst vor der Globalisierung"
- Eine Abschottungsstrategie ist kein Ausweg/ Wirtschaftliche Grundzusammenhänge lassen sich nicht aus der Welt schaffen –
Frankfurter Allgemeine Zeitung, Nr. 196, S.13
24. Aug. 2002

Stigler, G. J.
„The theory of economic regulation",
in: Bell Journal of Economics and Management Science, Vol. 2(1), S. 3–21, 1971.

Trute, Hans-Heinrich; Broemel, Roland
„Die Regulierung des Zugangs in den Netzwirtschaften"
Zeitschrift für das gesamte Handelsrecht und Wirtschaftsrecht (ZHR)
ISSN 0044-2437
170.Band, S. 706 – 736, Dez. 2006

Urban, Th
„Der Einfluss der Netzwerkökonomie auf die traditionellen Gesetze im Wirtschaftsgeschehen"
Arbeitspapier
www.tu-dresden.de/vkiwv/vwikom/VWT2003.pdf (03.2006)

Volkmann, Uwe
„Wovon lebt der Staat?"
Frankfurter Allgemeine Zeitung, Nr. 62, 14.Mrz.2006

Walsh, Carl E.
„The contribution of theory to practice in monetary policy: recent developments"
http://econ.ucsc.edu/~walshc/walsh_issingcolloquium_april06_final.pdf
(09.2006)

Weiber, Rolf
„Die empirischen Gesetze der Netzwerkökonomie"
Auswirkungen von IT-Innovationen auf den ökonomischen Handlungsrahmen
Die Unternehmung, 56.Jg. (2002) Heft 5, S.269-294

Werner, Götz W.
„Die Wirtschaft befreit die Menschen von der Arbeit"
Stuttgarter Zeitung, Nr. 150, S.13
Samstag, 2.Juli 2005

Werner, Götz W.
„Arbeit und Einkommen in der postindustriellen Gesellschaft"
Universität Karlsruhe, Interfakultatives Institut für Entrepreneurship
Skript zur Vorlesung 13.04.2005

Werner, Welf
„Etappensieg auf dem Weg zur Weltfinanzordnung"
Frankfurter Allgemeine Zeitung, Nr. 271, S.15
20. Nov. 1999

Winkler, Marcus
„Electronic Business in traditionellen Strukturen – Neue Dienste als Wegbereiter der Kooperation am Beispiel eines Textildesign-Netzwerkes"
Dissertation
Fakultät Wirtschafts- und Sozialwissenschaften der Universität Stuttgart, 2005

Bücher:

Armstrong, M., Cowan, S. & Vickers, J.
„Regulatory Reform - Economic Analysis and British Experience",
ISBN 0-262-01143-3
Cambridge, MIT Press., 1994

Barabási, Albert-László
"Linked"
– How Everything Is Connected to Everything Else and What It Means for Business, Science, and Everyday Life –
ISBN 0-7382-0667-9
PLUME Penguin Books Ltd., 2003

Biskup Reinhold (Hrsg.)
"Globalisierung und Wettbewerb"
ISBN 3-258-05510-6
Haupt Verlag, 1996

Burn, Janice; Marshall, Peter; Barnett, Martin
"e-Business Strategies for Virtual Organizations"
ISBN 0-7506-4943-7
Butterworth Heinemann, 2002

Carr, Nicholas G.
"Does IT Matter?"
– Information Technology and the Corrosion of Competitive Advantage –
ISBN 1-59139-444-9
Harvard Business School Press, 2004

Cortada, James W.
"21st Century Business – Managing and Working in the New Digital Economy"
ISBN 0-13-030569-3
Prentice-Hall, Inc., 2001

Cortada, James W.
"Making the information society: experiences, consequences, and possibilities"
ISBN 0-13-065906-1
Pentice Hall, Inc., 2002

Day, George S.; Schoemaker, Paul J.H.; Gunther, Robert
"Managing Emerging Technologies"
ISBN 0-471-36121-6
John Wiley and Sons, Inc., New York, 2000

Erlei, Mathias; Leschke, Martin; Sauerland, Dirk
„Neue Institutionenökonomik"
ISBN 3-7910-1287-8
Schäffer-Poeschel, 1999

Evans, Nicholas D.
"Business Innovation and Disruptive Technology"
– Harnessing the Power of Breakthrough Technology…for Competitive Advantage –
ISBN 0-13-047397-9
Financial Times Prentice Hall, 2003

Fleisch, Elgar
„Das Netzwerkunternehmen"
– Strategien und Prozesse zur Steigerung der Wettbewerbsfähigkeit in der „Networked economy" –
ISBN 3-540-41154-2
Springer Verlag, 2001

Friedman, Thomas L.
„The World Is Flat"
– A Brief History of the Twenty-first Century –
ISBN 0-374-29279-5
ISBN-13: 978-0-374-29279-9
Farrar, Straus and Giroux, 2006

Göbel, Elisabetz
"Neue Institutionenökonomik – Konzeption und betriebwirtschaftliche Anwendung – "
ISBN 3-8252-2235-7
Lucius & Lucius Verlagsgesellschaft mbH, 2002

Horx, Matthias
„Wie wir leben werden"
– unsere Zukunft beginnt jetzt –
ISBN 3-593-37777-2
Campus Verlag, 2006

Karremann, Anton
"Internet.Strategy.com"
– der Weg zur erfolgreichen Internet-Strategie –
ISBN 3-901876-07-0
Donau-Universität Krems, 2000

Kauffman, Stuart
„At Home in the Universe: the search for laws of self-organization and complexity"
ISBN 0-670-84735-6
Viking, 1995

Kelly, Kevin
„New Rules for the New Economy"
– 10 radical strategies for a connected world –
ISBN 0-670-88111-2
Viking, published by Penguin Putnam Inc, 1998

Korz, Robert
„Service Engineering – a Multidisciplinary Approach"
ISBN 3-8311-4882-1
Books on Demand GmbH, Germany, 2003

Korz, Robert
„Evaluation von Internet-Marktplätzen – Methodik und Beispiele"
ISBN 3-8334-0175-3
Books on Demand GmbH, Germany, 2003a

Korz, Robert
„Leben in einer vernetzten Welt", Band 1
– Ich bin online, also bin ich –
ISBN 3-8334-2629-2
Books on Demand GmbH, Germany, 2005

Lammer, Thomas (Hrsg.)
"Handbuch E-Money, E-Payment & M-Payment"
ISBN 3-7908-1651-5
Physica-Verlag, 2006

Lewis, William W.
„The power of productivity : wealth, poverty, and the threat to global stability"
ISBN 0-226-47676-6
Univ. of Chicago Press, 2004

Müller, Günter; Eymann, Torsten; Kreutzer, Michael
„Telematik- und Kommunikationssysteme in der vernetzten Wirtschaft"
ISBN 3-486-25888-5
Oldenbourg Wissenschaftsverlag, 2003

Müller, Arno; von Thienen, Lars
„e-Profit: Controlling-Instrumente für erfolgreiches e-Business"
ISBN 3-448-04485-7
Rudolf Haufe Verlag, 2001

Oberender, Peter (Hrsg.)
„Wettbewerb in der Internetökonomie"
Schriften des Vereins für Sozialpolitik, Band 292, 2003
ISBN 3-428-11060-9
Verlag Dunker & Humblot

Österle, Hubert; Fleisch, Elgar; Alt, Rainer
„Business Networking in der Praxis"
– Beispiele und Strategien zur Vernetzung mit Kunden und Lieferanten –
ISBN 3-540-41370-7
Springer Verlag, 2002

Rieck, Christian
„Spieltheorie – eine Einführung"
ISBN 3-924043-91-4
Christian Rieck Verlag, 2006

Rockard, John F.; Bullen, Christine V.
"The Rise of Managerial Computing"
ISBN 0-87094-757-5
MIT, Dow Jones-Irving, 1986

Shapiro, Carl; Varian, Hal R.
"Information Rules: A Strategic Guide to the Network Economy"
ISBN 0-87584-863-X
Harvard Business School Press, 1999
Deutscher Titel:
"Online zum Erfolg – Strategie für das Internet Business"
ISBN 3-7844-7395-4
Wirtschaftsverlag Langen Müller / Herbig, 1999a

Shy, Oz
„The economics of network industries"
ISBN 0-521-80095-1
Cambridge University Press, 2001

Sloterdijk, Peter
„Im Weltinnenraum des Kapitals"
– Für eine philosophische Theorie der Globalisierung –
ISBN 3-518-41676-6
Suhrkamp Verlag, 2005

Stähler, Patrik
„Geschäftsmodelle in der digitalen Ökonomie"
ISBN 3-89936-013-3
Josef Eul Verlag GmbH, 2002

Stiglitz, Joseph E.; Walsh, Carl E.
„Principles of macroeconomics"
ISBN 0-393-97519-3
W.W. Norton & Company, Inc., 2002

Ulrich, Peter
"Integrative Wirtschaftsethik : Grundlagen einer lebensdienlichen Ökonomie"
ISBN 3-258-05810-5
Haupt, 1998

Veryard, Richard
"The Component-Based Business: Plug and Play"
ISBN 1-85233-361-8
Springer Verlag, 2001

Welfens, Paul J.J.; Zoche, Peter; Jungmittag, Andre; Beckert Bernd; Joisten Martina
„Internetwirtschaft 2010"
– Perspektiven und Auswirkungen –
Eine Studie für das Bundesministerium für Wirtschaft und Arbeit
ISBN 3-7908-1560-8
Physika Verlag, Heidelberg, 2005

Zerdick, Axel; Picot, Arnold; Schrape Klaus
„Internet-Ökonomie – Strategien für die digitale Wirtschaft"
ISBN 3-540-66877-2
Springer Verlag, 2001

Stichwortverzeichnis

Weitere Veröffentlichungen aus der Serie von Robert Korz :

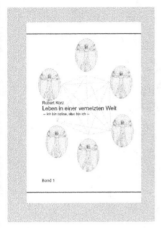

Robert Korz
Leben in einer vernetzten Welt
- Ich bin online, also bin ich -

BAND 1

ISBN 3-8334-2629-2
Books on Demand GmbH

Robert Korz
Evaluation von Internet-
Marktplätzen
- Methodik und Beispiel -

ISBN 3-8334-0175-3
Books on Demand GmbH

Robert Korz
Service Engineering
- a Multidisciplinary Approach –

ISBN 3-8311-4882-1
Books on Demand GmbH

Notizen